AF206056

Jesus war kein Theologe

„Ein Quäntchen Frömmigkeit ist mehr wert als zehn Zentner Gelehrsamkeit, ein Tropfen wahrer Liebe edler als ein ganzes Meer von Wissenschaft."

Franz von Assisi

Herstellung und Verlag:
BoD - Books on Demand, Norderstedt
ISBN 978-3-7448-1403-4

Einleitung

Jedes System muss von Zeit zu Zeit reformiert werden. Wenn dieser Zeitpunkt zu lange aufgeschoben wird, kann es passieren, dass ein System einen Punkt erreicht, ab dem es sich nicht mehr selbst von innen heraus reformieren kann. Ein hervorragendes Beispiel für einen solchen Fall ist die durch Martin Luther entfachte Reformation, deren 500-jähriges Jubiläum wir in diesem Jahr begehen. Der junge Dozent aus Wittenberg hätte sich wohl nie träumen lassen, dass ihn die Veröffentlichung seiner 95 Thesen einmal zu einem der einflussreichsten Menschen der Weltgeschichte machen würde. Dabei hatte er im Grunde nur über einen internen Missstand der Kirche aufklären wollen.

An jenem 31. Oktober des Jahres 1517 war Luther, wie er später selbst zugeben sollte, regelrecht naiv gewesen. Er war der festen Überzeugung, dass die Unsitte des Ablasshandels ein Produkt einzelner Übeltäter war, die ohne Wissen oder Genehmigung der Kirchenoberen agierten. Dementsprechend war er auch der Überzeugung, dass ein klares Benennen dieser Unsitten dem Spuk ein schnelles Ende bereiten würde. Schließlich müsse jeder, dem das ganze Ausmaß dieses Geschäfts bewusst sei, unweigerlich zu dessen vehementer Ablehnung gelangen — so zumindest dachte Luther.

Doch leider war alles ganz anders. Der Ablasshandel war eine von höchster Stelle geplante und geförderte Maßnahme. Papst Leo X. wollte die Einkünfte in erster Linie zur Fertigstellung des Petersdoms verwenden, eines der bis heute großartigsten Bauwerke der Christenheit, das jährlich Millionen von Besuchern in seinen Bann zieht. Schon an diesem Ergebnis lässt sich ersehen, dass man es sich zu einfach macht, wollte man Leo X. lediglich als einen schlechten Menschen darstellen, der durch sein unmoralisches Verhalten die Krise der katholischen Kirche herbeiführte. Natürlich war dieser Papst kein Vorbild an Heiligkeit. Sein durch und durch hedonistisches und verschwenderisches Wesen, das sich sowohl in seinen üppigen und prunkvollen Gelagen als auch in Verrücktheiten wie dem Halten eines eigenen Hauselefanten manifestierte, macht ihn zum genauen Gegenstück des aktuellen Repräsentanten auf dem Stuhl Petri. Andererseits war er, wie bereits erwähnt, ein großer Förderer der Künste sowie der Wissenschaften. Auch karitative Einrichtungen wie Kranken- oder Waisenhäuser wurden von ihm unterstützt.

Der Ablasshandel war überdies mitnichten einfach nur eine spontane Laune geschäftstüchtiger Bischöfe gewesen, sondern konnte auf ein gewisses intellektuelles Fundament bauen, das durchaus auch von seriösen Geistern jener Zeit verteidigt wurde. Er findet sogar bis heute seine Anhänger. So schrieb etwa der Journalist Alan Posener 2014 in der WELT: „Der Ablasshandel war eine gute Sache. Im Mittelalter lehrt die Kirche, dass sie durch die Heiligen und Märtyrer einen ‚Gnadenschatz‘ aufgehäuft habe, an dem alle Christen durch gute Werke teilhaben könnten. Im Rahmen dieser Ökonomie der Gnade ist der Ablasshandel zu verstehen. Durch ihn können sich die Menschen von der Höllenangst freikaufen. Es ist ein Geschäft auf Gegenseitigkeit. Der Sünder bekommt einen Teil seiner Zeit im Fegefeuer erlassen, der Papst erhält die Mittel zum Bau des Petersdoms und zur Förderung der Künste. Der Ablass ist eine Art Lebensversicherung für die Zeit nach dem Tod. Übrigens mit gestaffelten Sozialtarifen: Auch der Arme kann die Gewissheit ewigen Lebens erlangen. Nun kann man das alles als Aberglauben abtun. Doch die Menschen klammerten sich damals angesichts von Pest und Elend an die Vorstellung eines Lebens nach dem Tod. Der Ablass gibt ihnen die Hoffnung, trotz Sünden dem Gericht Gottes zu entgehen.“

Natürlich argumentiert Posener hier aus rein weltlicher Sicht, fernab aller theologischen Überlegungen über Wahrheit und Wirksamkeit des Ablasses. Möglicherweise hat auch Papst Leo X. so gedacht. So sicher es ist, dass die Sorge um die Seelen der Gläubigen nicht das vorrangige Ziel seines Pontifikats war, so wenig ist erwiesen, dass er nicht vielleicht dennoch an eine gewisse tröstende Wirkung des Geschäfts mit dem Ablass glaubte. Doch was immer nun seine Gründe im Einzelnen gewesen sein mögen, eines ist klar: Zu keinem Zeitpunkt hat er sich darum geschert, ob die Versprechungen des Ablasswesens tatsächlich wahr sind.

„Aus Liebe zur Wahrheit und in dem Verlangen, sie zu erhellen" – mit diesen Worten leitet Martin Luther seine Veröffentlichung vom 31. Oktober ein und markiert damit, noch bevor er zu seiner ersten eigentlichen These kommt, den entscheidenden Unterschied zwischen ihm und seinen Gegenspielern. Was ihn leitet, ist einzig die Suche nach der Wahrheit. Ob die gefundene Wahrheit für die Menschen dann tröstend oder eher verstörend ist, spielt für ihn keine Rolle. Wahrheit ist Wahrheit. Punkt. Mit diesem Ansatz veränderte Luther die Welt für immer.

Dass er, der einfach nur eine geistliche Erneuerung der Kirche anstrebte, letztlich mehr als jeder andere zu ihrer Spaltung beitrug, gehört zu den tragischen Wahrheiten seines Lebens und Wirkens. Es zeigt aber vor allem eines: Die katholische Kirche des frühen 16. Jahrhunderts hatte genau jenen kritischen Punkt erreicht, von dem zu Beginn die Rede gewesen ist. Sie konnte nicht mehr von innen heraus reformiert werden, wie Luther es wollte. Zu tief hatten sich Lüge oder auch schlichtes Desinteresse an der Wahrheit in ihrem Organismus festgesetzt. Die Kirche Jesu Christi aber kann auf Dauer nicht gegen die Wahrheit geführt werden. Schon der Apostel Paulus schrieb an die Gemeinde in Korinth: „Wir vermögen nichts wider die Wahrheit, sondern nur für die Wahrheit."

Nachdem sich die Reformation rasend schnell in immer mehr Ländern Europas auszubreiten begann, und sich die Abspaltung der Protestanten als unumkehrbar erwies, berief die katholische Kirche schließlich das Konzil von Trient ein, um auf die neue Situation zu reagieren. Unter anderem wurde hier im Jahre 1562 ein Verbot des Ablasshandels beschlossen. Man stelle sich vor: Hätte sich ein entsprechendes Konzil bereits 50 Jahre zuvor zu dieser

Entscheidung durchringen können, so hätte es die Reformation vermutlich nie gegeben. Doch bedauerlicherweise war die katholische Kirche seinerzeit zu dieser inneren Reform nicht in der Lage. Es brauchte den Druck von außen.

Gibt es in unserer heutigen Zeit Parallelen zu jener Epoche? Noch vor wenigen Jahren hätte ich eine solche Behauptung als völlig überzogen zurückgewiesen. Mittlerweile bin ich mir nicht mehr so sicher. Sowenig ich mich selbst mit dem großen Reformator auf eine Stufe stellen kann und will, so sehr kann ich zumindest die Überraschung nachvollziehen, die er nach der Publikation seiner Thesen empfunden haben muss. Als ich im Jahre 2011 mein Buch „Jesus war kein Vegetarier" veröffentlichte, war ich, wie damals Luther, Dozent an einer theologischen Fakultät. Ohne größere Ambitionen ging ich meinem akademischen Alltag nach. Die Idee zu besagtem Buch war mir eher spontan gekommen. Ich hatte mich geärgert über die mir immer häufiger untergekommene Behauptung, Jesus sei Vegetarier gewesen – daher der leicht ironisch klingende Buchtitel. Natürlich kam diese völlig absurde Vorstellung ausschließlich von Menschen, die selber dem Vegetarismus anhingen. Ihre ‚Kenntnis' über die

Essgewohnheiten Jesu stammte dementsprechend auch nicht aus irgendeiner Form exegetischer Untersuchung, sondern aus einer ganz praktischen Überlegung: ‚Was ich persönlich für richtig halte, muss grundsätzlich richtig sein, und was grundsätzlich richtig ist, muss von Jesus vertreten worden sein.'

Natürlich ist die Projektion der eigenen vegetarischen Lebensweise auf Jesus nur eine von vielen modernen Verirrungen innerhalb unserer christlichen Kultur. Zudem hätte eine entsprechende Widerlegung kaum mehr als einige Seiten beansprucht und sich nie zu einem ganzen Buch ausweiten lassen. Daher entschloss ich mich, auch weitere theologische Ungereimtheiten aufzuzeigen und zu widerlegen. Schließlich muss unser Heiland ja noch für viele andere moderne Ideologien herhalten. Selbstverständlich war Jesus aber weder ein Anhänger des Feminismus, des Kommunismus, der Genderforschung, der Homo-Lobby noch sonst irgendeiner verwandten Bewegung, und jeder, der nicht an Legasthenie oder einer anderen Form von neurologischer Beeinträchtigung leidet, kann sich hiervon durch einfaches Nachlesen überzeugen – so zumindest dachte ich.

Doch leider war alles ganz anders. Bereits die erste Stellungnahme von kirchlicher Seite, die symptomatisch für viele weitere sein sollte, förderte Zustände innerhalb der Evangelischen Kirche und Theologie in Deutschland zutage, die ich mir in meinen schlimmsten Albträumen nicht hätte ausmalen können. So bezeichnete man mich als „weiteres Symptom des allgemeinen Niedergangs des christlichen Abendlandes". Noch viel aufschlussreicher war allerdings die Tatsache, dass man sich nicht mit einem einzigen meiner Argumente befasste, geschweige denn sie widerlegte. Es kam sogar noch besser. Indirekt stimmte man meiner Kritik sogar zu: „Doch es ist keine große Leistung, die biblischen Begründungen mancher kirchenamtlichen Erklärung zu zerpflücken. Man muss bedenken, dass es sich bei ihnen meist um Verständigungsdokumente handelt, an denen viele Menschen in unterschiedlichsten Gremien mitgewirkt haben." Diese Formulierung muss man sich wirklich einmal in aller Ruhe zu Gemüte führen. Denn letztlich heißt das nichts anderes, als dass kirchliche Stellungnahmen, da von Menschen schwachen Geistes verfasst, nun mal keine echte biblische Grundlage haben und deshalb nicht sonderlich ernst genommen werden müssen. Papier ist schließlich geduldig, nicht wahr? Dass diese Stellungnahmen aber durchaus normativen und sogar exekutiven Charakter haben, dass Pfarramtsanwärter, die dem Inhalt dieser Dokumente widersprechen, nicht zum Dienst zugelassen werden, scheint den Verantwortlichen nicht bewusst zu sein.

Der gesamte Irrsinn der Argumentation war im Grunde allerdings bereits in der Überschrift eines Artikels zusammengefasst, mit dem ausführlich auf meine Thesen reagiert wurde. Die Antwort auf meinen Buchtitel „Jesus war kein Vegetarier" lautete: „Jesus darf Vegetarier sein". Was um alles in der Welt soll man von einer solchen Einlassung halten? Ist Jesus etwa ein imaginäres Wesen, das man sich je nach persönlicher Überzeugung zurechtbasteln darf? Ganz offenbar scheint dies die Überzeugung selbst hochrangiger Kirchenvertreter und Theologen zu sein. Wer fragt, was Jesus sein darf, anstatt zu fragen, wer er war und was er wollte, nimmt die Tatsache der Offenbarung nicht ernst.

Aus Liebe zur Wahrheit und in dem Verlangen, sie zu erhellen – mit diesem Ansatz war auch ich ans Werk gegangen. Doch letzten Endes zeigte sich in der mir entgegengebrachten Haltung ebenjenes oben beschriebene Desinteresse an der Wahrheit, das sich auch tief im Organismus unserer heutigen Kirche festgesetzt zu haben scheint. Es ist ja nicht so, dass die erwähnten Amtsträger nicht erkennen würden, dass viele kirchenpolitische Maßnahmen der Wahrheit des Evangeliums zuwiderlaufen. Es ist ihnen nur einfach egal. Menschen, die in einem Irrtum befangen sind, können von diesem Irrtum geheilt werden. Menschen, denen es schlicht egal ist, sind verloren. Aus diesem Grund scheint es nicht gänzlich abwegig, zu diagnostizieren, dass die evangelische Kirche heute, 500 Jahre nachdem Martin Luther sie durch seinen Hammerschlag ins Leben rief, nun ebenfalls an einem Punkt angelangt ist, an dem sie nicht mehr von innen, sondern nur noch durch Druck von außen reformiert werden kann. An dieser Stelle möchte das vorliegende Büchlein und die mit ihm beginnende Schriftenreihe ansetzen.

Kinder statt Gelehrte

Gelitten unter Pontius Pilatus – so hat es die frühe Christenheit in ihrem ersten Glaubensbekenntnis formuliert und damit dem römischen Statthalter zu unverhofftem Weltruhm verholfen. Obwohl Pilatus als letzte Instanz natürlich einen bedeutenden Gegenspieler Jesu darstellt, ist seine Rolle gemessen am Gesamtumfang der Evangelien eher klein. Fragt man, mit wem Jesus am häufigsten und heftigsten in Konflikt gerät, so tritt eine Gruppe ganz klar als Sieger hervor: die Schriftgelehrten und Pharisäer. Wer waren diese Leute? Sie bildeten die intellektuelle Elite des Judentums jener Zeit, sie waren Experten in der Auslegung der heiligen Texte, ihr Wort galt in religiösen Fragen als bindend. Wie aber kam es dann zu einem so scharfen Konflikt? Hätte sich Jesus nicht eigentlich mit diesen Experten der Frömmigkeit gut verstehen müssen? Neben der schon sprichwörtlichen Scheinheiligkeit der Pharisäer, die Jesus öffentlich anprangerte, sind uns zahlreiche Streitgespräche überliefert, in denen es um Themen wie Speisevorschriften oder die Sabbatheilung geht. Die Fokussierung auf die inhaltlichen Differenzen zwischen Jesus und den Schriftgelehrten hat allerdings dazu geführt, dass diese

Streitgespräche als ein spezielles Phänomen jener Zeit wahrgenommen wurden, das für unsere heutige Welt keinerlei Bedeutung mehr hat. Doch bei näherem Hinsehen zeigt sich, dass die eigentliche Ursache für den Dauerkonflikt nicht in bestimmten Inhalten, sondern in der radikal anderen Geisteshaltung Jesu liegt.

Als Jesus mit seiner Predigt an die Öffentlichkeit tritt, lauten die ersten Fragen der Gegenseite: „Ist das nicht der Zimmermann? Wie kann er die Schrift verstehen, ohne dafür ausgebildet zu sein?" Es ging also zunächst gar nicht um konkrete Themen, sondern um die Frage, warum man sich mit so jemandem überhaupt auf einen Streit einlassen sollte. Aus Sicht der jüdischen Bildungselite war Jesus ein Laie, dem die akademische Qualifikation fehlte, um mit ihnen auf Augenhöhe zu diskutieren. Ob er die Wahrheit sprach oder nicht, war im Grunde irrelevant, man brauchte ihm gar nicht erst zuzuhören. Die Schriftgelehrten hatten sich von den Menschen entfremdet und sich die Exklusivrechte für theologische Debatten gesichert. In einer Gesellschaft von Analphabeten war die Fähigkeit zu lesen ein unschätzbares Privileg, vor allem wenn man bedenkt, dass die heiligen

Schriften in Hebräisch verfasst waren, nicht in Aramäisch, der gebräuchlichen Umgangssprache jener Zeit.

Die Schriftgelehrten und Pharisäer sind nicht einfach historische Gestalten einer längst vergangenen Epoche, sondern repräsentieren einen bestimmten Menschentypus, der zu allen Zeiten auftritt. Doch wer entspricht in unserer heutigen Gesellschaft dem Klischee des biblischen Schriftgelehrten? Die Antwort fällt nicht schwer: Auf dem Thron der Schriftgelehrten und Pharisäer sitzen die Theologieprofessoren und Kirchenräte! Sie beanspruchen die Deutungshoheit über die Bibel, und wenn nötig, schreiben sie die Texte nach ihren eigenen Vorstellungen um. In einem völlig unverständlichen Akademikerdeutsch verschließen sie ihre Ergebnisse vor dem Volk. Wer sie kritisiert, wird nicht etwa sachlich widerlegt, sondern für ungebildet oder rückständig erklärt. Sie glauben, sich Jesu bemächtigen zu können, aber er ist keiner von ihnen. Er hätte sich gegen sie gestellt, wie er sich gegen die Schriftgelehrten und Pharisäer seiner Zeit gestellt hat.

Jesus war allerdings keineswegs nur negativ. Er identifiziert nicht nur seine Gegner in aller Deutlichkeit, er nennt seinen Hörern auch die Vorbilder, an denen sie sich orientieren sollen. „Und sie brachten Kinder zu ihm, damit er sie anrühre. Die Jünger aber fuhren sie an. Als es aber Jesus sah, wurde er unwillig und sprach zu ihnen: Lasset die Kinder zu mir kommen und wehret ihnen nicht, denn solchen gehört das Reich Gottes. Wahrlich, ich sage euch: Wer das Reich Gottes nicht empfängt wie ein Kind, der wird nicht hineinkommen. Und er herzte sie und legte die Hände auf sie und segnete sie." Man vergleiche hiermit seine schroffe Anklage gegen die andere Gruppe: „Wenn eure Gerechtigkeit nicht besser ist als die der Schriftgelehrten und Pharisäer, so werdet ihr nicht in das Himmelreich kommen." Das Reich Gottes ist den Schriftgelehrten verschlossen, den Kindern hingegen steht es weit offen. Deutlicher kann man die beiden unterschiedlichen Pole nicht benennen.

Nun kann man sich zu Recht fragen, warum Jesus ausgerechnet Kinder als Vorbilder hinstellt. Jeder, der schon einmal mit Kindern zu tun hatte, weiß, dass diese nicht nur über positive Eigenschaften verfügen. Im Gegenteil, Kinder können mit ihrer Art auch enorm anstrengend und nervtötend sein. Dennoch verfügen sie zweifellos auch über charakterliche Vorzüge. Um ebendiesem scheinbar widersprüchlichen Umstand gerecht zu werden, bietet die deutsche Sprache zwei unterschiedliche Adjektive an, um das Verhalten von Kindern zu beschreiben: kindisch und kindlich. Kindisch bezeichnet die negativen Eigenschaften, die typischerweise mit Kindern assoziiert werden: dickköpfiges Verhalten, mangelnde Einsicht, Egozentrik. Und siehe da: Diese kindischen Eigenschaften sind identisch mit den Eigenschaften der Pharisäer! Mit dem Wort kindlich hingegen werden positive Charakterzüge bezeichnet, die zumeist mit Kindern in Verbindung gebracht werden: kindliche Freude, Klarheit und Einfachheit im Denken sowie eine zuweilen unverschämte Ehrlichkeit. Und siehe da: Es sind exakt diese *kindlichen* Tugenden, mit denen Jesus seine *kindischen* Gegenspieler außer Gefecht setzt.

Einfachheit

Zu den Lieblingsbeschäftigungen der Pharisäer gehörte es, Jesus mit Fangfragen in die Irre führen zu wollen. Diese Fangfragen sollten ihn in der einen oder anderen Weise als etwas entlarven, sei es als gefährlichen Zeloten oder als gottlosen Gesetzesbrecher. Selbstverständlich durchschaute Jesus jedes Mal die böse Absicht seiner Gegner und fiel nicht darauf herein. Aber nicht nur das, die Hinterhältigkeit der Pharisäer ging regelmäßig nach hinten los, denn Jesus bediente sich ihrer Fragen, um durch sie einen neuen Teil der göttlichen Wahrheit zu offenbaren.

Und einer von ihnen, ein Schriftgelehrter, versuchte ihn und fragte: Meister, welches ist das höchste Gebot im Gesetz? Jesus aber antwortete ihm: Du sollst den Herrn, deinen Gott, lieben von ganzem Herzen, von ganzer Seele und von ganzem Gemüt. Dies ist das höchste und größte Gebot. Das andere aber ist dem gleich: Du sollst deinen Nächsten lieben wie dich selbst. In diesen beiden Geboten hängt das ganze Gesetz und die Propheten.

Diese Worte Jesu bilden vielleicht seine größte gedankliche Leistung. Das ganze Gesetz und die Propheten, also das, was wir heute das Alte Testament nennen, alle diese Texte mit ihren unzähligen Regeln und Vorschriften in zwei Geboten zusammenzufassen, das will gekonnt sein! Aber Jesus macht nicht nur deutlich, dass sich letztlich alle Gebote in diesen beiden wiederfinden, sondern dass diese beiden Gebote im Grunde zwei Seiten derselben Medaille sind. In der Liebe zu Gott findet sich die Liebe zum Menschen und umgekehrt. Leider wird dieser Aspekt der Worte Jesu heutzutage allzu oft vernachlässigt. Stattdessen pflegt man schlicht von christlicher Nächstenliebe zu sprechen, um im Anschluss darauf hinzuweisen, dass alle Religionen das Gebot der Nächstenliebe kennen, weshalb es eigentlich keinen so großen Unterschied zwischen ihnen gebe. Besonders traurig ist es, wenn die Weisheit Jesu zu dem Motto „Was du nicht willst, das man dir tu', das füg' auch keinem andern zu" erniedrigt wird. Wer das tut, begeht einen Frevel an der Tiefe und Schönheit des göttlichen Wortes.

Die Aussage „Was du nicht willst, das man dir tu', das füg' auch keinem andern zu" ist eine reine *Negativvorschrift*, sie fordert ausschließlich zum *Unterlassen* bestimmter Handlungen auf. Nach dem gleichen Prinzip ist beispielsweise unser Strafgesetzbuch aufgebaut. Es enthält keinerlei Handlungsanweisungen für ein gutes Leben, sondern ausschließlich Tatbestände (Mord, Diebstahl, Körperverletzung etc.), die es zu unterlassen gilt. Das ist auch völlig in Ordnung, niemand erwartet mehr von unserem Strafrecht. Aber gleichzeitig wird sich wohl kaum jemand schon allein deshalb geliebt fühlen, weil ein anderer ihn nicht verprügelt oder bestiehlt. Die Liebe, von der das Evangelium spricht, geht weit über das Vermeiden böswilliger

Handlungen hinaus, sie meint den direkten Dienst am Nächsten. „Was ihr getan habt einem von diesen meinen geringsten Brüdern, das habt ihr mir getan", bringt es Jesus auf den Punkt. „Wir lieben, weil er uns zuerst geliebt hat", lautet die prägnante Antwort des Neuen Testaments auf die offenbarte Gnade Gottes. Die Liebe der Christen untereinander soll die Liebe Gottes widerspiegeln, jene Liebe, die so groß war, dass er seinen einzigen Sohn für uns hingab. Diese unmittelbare Verbindung von Gottesliebe und Menschenliebe ist eine genuin christliche Vorstellung, die anderen Religionen völlig unbekannt ist. Die Inkarnation ist keine bloße Formel der Dogmatik, erst durch sie wird christliche Ethik überhaupt möglich. Der Islam beispielsweise lehnt die Vorstellung der Menschwerdung Gottes als blasphemisch ab, und durch ebendiese Ablehnung ist es dem Islam verwehrt geblieben, ein Menschenbild zu entwickeln, das dem christlichen ähnelt. Der Islam möchte das gesamte Leben der Gläubigen durch ein umfassendes Regelwerk kontrollieren. Aus diesen Zwängen hat Jesus die Christen befreit.

Da gingen die Pharisäer hin und hielten Rat, wie sie ihn in seinen Worten fangen könnten; und sandten zu ihm ihre

Jünger samt den Anhängern des Herodes. Die sprachen: Meister, wir wissen, dass du wahrhaftig bist und lehrst den Weg Gottes recht und fragst nach niemand; denn du achtest nicht das Ansehen der Menschen. Darum sage uns, was meinst du: Ist's recht, dass man dem Kaiser Steuern zahlt, oder nicht? Als nun Jesus ihre Bosheit merkte, sprach er: Ihr Heuchler, was versucht ihr mich? Zeigt mir die Steuermünze! Und sie reichten ihm einen Silbergroschen. Und er sprach zu ihnen: Wessen Bild und Aufschrift ist das? Sie sprachen zu ihm: Des Kaisers. Da sprach er zu ihnen: So gebt dem Kaiser, was des Kaisers ist, und Gott, was Gottes ist! Als sie das hörten, wunderten sie sich, ließen von ihm ab und gingen davon.

Wieder einmal erleben wir das bereits bekannte Spiel. Die Pharisäer wollen Jesus mit einer Frage provozieren, diesmal gepaart mit einer besonders intensiven Form der geheuchelten Ehrerbietung. In diesem Fall erhoffen sie sich vermutlich, Jesus würde öffentlich die kaiserliche Steuer in Frage stellen, was wohl zu seiner unmittelbaren Verhaftung durch die römischen Behörden geführt hätte. Auf diese Weise wären ihn die Pharisäer losgeworden, ohne sich selbst die Hände schmutzig zu machen. Doch Jesus fällt nicht nur nicht auf diesen plumpen Versuch herein, er erwidert auch mit erfrischender Spontaneität: Guckt doch hin, ihr Blinden! Wessen Bild ist auf der Münze? Anstatt sich also auf eine spitzfindige Diskussion über den Sinn und Zweck der kaiserlichen Steuergesetzgebung einzulassen, weist Jesus ganz einfach auf das hin, was vor Augen ist, auf das *Offensichtliche.*

Unter den modernen Denkern war es vor allem der jüdische Philosoph Hans Jonas, der dieses Prinzip wieder aufgriff – wenn auch selbstverständlich ohne direkte Bezugnahme auf die Worte Jesu. In seinem klassischen Werk „Das Prinzip Verantwortung" aus dem Jahre 1979 benennt Jonas die elterliche Verantwortung für das Kind als das „zeitlose Urbild aller Verantwortung" und führt aus:

„Das Neugeborene, dessen bloßes Atmen unwidersprechlich ein Soll an die Umwelt richtet, nämlich: sich seiner anzunehmen. Sieh hin und du weißt. Ich sage ‚unwidersprechlich', nicht ‚unwiderstehlich': denn natürlich läßt sich der Kraft dieses wie jedes Soll widerstehen, sein Ruf kann auf Taubheit stoßen (obwohl mindestens im Falle der Mutter dies als Entartung angesehen wird) oder durch andere ‚Rufe' wie etwa vorgeschriebene Kindesaussetzung,

Erstgeburtsopfer und dergleichen, ja schon durch den nackten Selbsterhaltungstrieb übertönt werden – an der Unwidersprechlichkeit des Anspruchs als solchen und seiner unmittelbaren Evidenz ändert dies nichts."

„Sieh hin und du weißt", diese eingängige Formulierung hätte auch aus dem Munde Jesu stammen können. Sie entspricht exakt seiner oben beschriebenen Vorgehensweise, auf das Offensichtliche hinzuweisen. Wie anders und wie viel besser wäre unsere Welt, wenn sich heutige Theologen und Kirchenfunktionäre diese Methode zum Vorbild nehmen würden. Stattdessen bemühen sie sich, an den offensichtlichen Tatsachen und somit auch an den Menschen vorbei zu operieren. Dieser Umstand zeigt sich vielleicht nirgendwo so deutlich wie in dem kürzlich eröffneten „Studienzentrum der EKD für Genderfragen". Dieses Studienzentrum „unterstützt die Integration von Genderaspekten in das kirchliche Handeln und macht sie für die Entwicklung der Organisation Kirche fruchtbar". Finanziert wurde und wird es mit dem Geld der gutgläubigen Kirchensteuerzahler, denen immer noch eingeredet wird, ihr Geld würde für Krankenhäuser und Kindergärten oder andere tatsächlich sinnvolle Einrichtungen ausgegeben. Stattdessen werden damit Dinge finanziert, die sowohl der biblischen Botschaft als auch der allgemeinen menschlichen Erfahrung widersprechen. Aber selbst wenn man mal für einen Moment von der fragwürdigen Seriosität der Genderstudien absehen wollte, bliebe doch immer noch die Frage offen, warum die EKD ein derartiges Studienzentrum braucht. Betreibt die EKD denn auch Studienzentren für Meeresbiologie? Oder für die Geschichte der deutschen Sprache? Ich war bisher der unmaßgeblichen Ansicht, die Aufgabe der Kirche bestehe in der Verkündigung des Evangeliums.

Was wäre wohl passiert, wenn die Pharisäer versucht hätten, Jesus mit der Gendertheorie aufs Glatteis zu führen? Die Szene hätte dann vielleicht wie folgt ausgesehen:

Da gingen die Pharisäer hin und hielten Rat, wie sie ihn in seinen Worten fangen könnten; und sandten zu ihm ihre Jünger samt den Anhängern des Herodes. Die sprachen: Meister, wir wissen, dass du wahrhaftig bist und lehrst den Weg Gottes recht und fragst nach niemand; denn du achtest nicht das Ansehen der Menschen. Darum sage uns, was meinst du: Wie viele Geschlechter gibt es? Als nun Jesus ihre Bosheit merkte, sprach er: Ihr Heuchler, was versucht ihr mich? Zeigt mir einen Mann und eine Frau! Und sie ließen

*einen Mann und eine Frau vortreten. Und er sprach zu ihnen:
Wie viele Geschlechter seht ihr? Sie sprachen zu ihm: Zwei. Da
sprach er zu ihnen: So lasst nun die Männer Männer und die
Frauen Frauen sein. Als sie das hörten, wunderten sie sich,
ließen von ihm ab und gingen davon.*

Abgesehen von dieser fiktiven Szene gibt es tatsächlich eine
Begegnung zwischen Jesus und den Pharisäern, in der es um
die Beziehung zwischen Mann und Frau geht, nämlich bei der
berühmten Diskussion um das Thema Scheidung:

*Und Pharisäer traten zu ihm und fragten ihn, ob ein Mann
sich scheiden dürfe von seiner Frau; und sie versuchten ihn
damit. Er antwortete aber und sprach zu ihnen: Was hat euch
Mose geboten? Sie sprachen: Mose hat zugelassen, einen
Scheidebrief zu schreiben und sich zu scheiden. Jesus aber
sprach zu ihnen: Um eures Herzens Härte willen hat er euch
dieses Gebot geschrieben; aber von Beginn der Schöpfung an
hat Gott sie geschaffen als Mann und Frau. Darum wird ein
Mann seinen Vater und seine Mutter verlassen und wird an
seiner Frau hängen, und die zwei werden ein Fleisch sein. So
sind sie nun nicht mehr zwei, sondern ein Fleisch. Was nun
Gott zusammengefügt hat, soll der Mensch nicht scheiden.*

Jesus weist hier auf den Anbeginn der Schöpfung hin, um die von Gott erschaffene Beziehung zwischen Mann und Frau zu verdeutlichen. Ironischerweise verweist die Evangelische Kirche in ihrer aktuellen Orientierungshilfe „Familie als verlässliche Gemeinschaft stärken" (2014) ebenfalls auf die Schöpfungsgeschichte. „Es ist nicht gut, dass der Mensch allein sei", dieser Satz steht gleichsam als Leitlinie über dem gesamten Familienpapier. Es handelt sich um einen Ausspruch Gottes, nachdem er Adam, den ersten Menschen, geschaffen und in den Garten Eden gesetzt hatte. Die EKD interpretiert diesen Satz auf den folgenden 160 Seiten in der Art, dass der Mensch in Beziehungen leben soll, dass es innerhalb des göttlichen Schöpfungsplans aber letzten Endes egal sei, mit wem er diese Beziehung führe. Nun wäre es vielleicht klug gewesen, sich anzuschauen, wie die Geschichte im Buch Genesis weitergeht. Um die Einsamkeit des Mannes zu beenden, schafft Gott zunächst die Tiere, doch lässt sich unter diesen kein passender Gefährte für den Mann finden. Nach diesem ersten misslungenen Versuch erschafft Gott die Frau. In ihr findet der Mann sein passendes Gegenüber.

Es spielt hierbei im Übrigen keine Rolle, ob man die Schöpfungserzählung der Bibel wörtlich versteht oder nicht, ob die Welt in sechs Tagen geschaffen wurde oder in einem langen Evolutionsprozess. Wenn Jesus davon spricht, dass die Beziehung von Mann und Frau „von Beginn der Schöpfung an" aufeinander angelegt war, so weist er auf etwas Ursprüngliches hin, auf etwas Archaisches, auf ein fundamentales Prinzip, ohne das der Fortbestand des Lebens auf dieser Erde überhaupt nicht möglich wäre – auch nicht in der Evolution. Da die Verfasser und Verfasserinnen der kirchlichen Orientierungshilfe aber offenbar nach Genesis 2,7 aufgehört haben weiterzulesen, kommen sie zu folgender Schlussfolgerung: „Angesichts der Vielfalt biblischer Bilder und der historischen Bedingtheit des familiären Zusammenlebens bleibt entscheidend, wie Kirche und Theologie die Bibel auslegen und welche Orientierung sie damit geben." Dieser Satz ist ein wahres Meisterwerk. Nicht unbedingt an Anstand und Ehrlichkeit, sehr wohl aber an Scheinheiligkeit und Pharisäertum. Um es in der Sprache der Schriftgelehrten auszudrücken: Man sollte in der Lage sein, deskriptive Texte von normativen Texten zu unterscheiden. Ein Gebot wie „Du sollst nicht stehlen" stellt eine verbindliche Anweisung dar. Aber nicht jede Geschichte, die sich in der Bibel findet, ist automatisch zur Nachahmung empfohlen. Das gilt auch im Hinblick auf Beziehungen und Sexualität, wie das folgende Beispiel von den Töchtern Lots beweist:

Eines Tages sagte die Ältere zur Jüngeren: Unser Vater wird alt und einen Mann, der mit uns verkehrt, wie es in aller Welt üblich ist, gibt es nicht. Komm, geben wir unserem Vater Wein zu trinken und legen wir uns zu ihm, damit wir von unserem Vater Kinder bekommen. Sie gaben also ihrem Vater am Abend Wein zu trinken; dann kam die Ältere und legte sich zu ihrem Vater. Er merkte nicht, wie sie sich hinlegte und wie sie aufstand. Am anderen Tag sagte die Ältere zur Jüngeren: Ich habe gestern bei meinem Vater gelegen. Geben wir ihm auch heute Abend Wein zu trinken, dann geh und leg du dich zu ihm. So werden wir von unserem Vater Kinder bekommen. Sie gaben ihrem Vater also auch an jenem Abend Wein zu trinken; dann legte sich die Jüngere zu ihm. Er merkte nicht, wie sie sich hinlegte und wie sie aufstand. Beide Töchter Lots wurden von ihrem Vater schwanger.

Mir graut vor dem Tag, an dem die EKD diesen Text als Richtlinie sexueller Selbstbestimmung in den Konfirmandenunterricht einbauen wird. Von König Salomo wiederum heißt es, er habe 700 Hauptfrauen und 300 Nebenfrauen gehabt. Auch dies gehört also zur „Vielfalt biblischer Bilder und der historischen Bedingtheit des familiären Zusammenlebens" und könnte daher wohl eines Tages von der EKD anerkannt werden. Wer das jetzt für übertrieben hält, der sei an die Geschichte der Mormonen erinnert, unter denen die Vielehe lange Zeit nicht nur üblich, sondern ausdrücklich erwünscht war. Joseph Smith (1805–1844), der Begründer des Mormonentums, empfing diesbezüglich folgende göttliche Weisung, die er in dem Buch „Lehre und Bündnisse" niederschrieb: „Wahrlich, so spricht der Herr zu dir, mein Knecht Joseph: Da du von meiner Hand erfragt hast und wissen und verstehen willst, inwiefern ich, der Herr, meine Knechte Abraham, Isaak und Jakob gerechtfertigt habe, und auch Mose, David und Salomo, meine Knechte, was den Grundsatz und die Lehre betrifft, daß sie viele Frauen und Nebenfrauen gehabt haben – siehe, ja, siehe, ich bin der Herr, dein Gott, und werde dir, was diese Sache betrifft, Antwort geben [...] David empfing ebenfalls viele Frauen und Nebenfrauen, und auch Salomo und Mose, meine Knechte, ebenso viele andere meiner Knechte vom Anfang der Schöpfung an bis zu dieser Zeit; und in nichts sündigten sie als nur in dem, was sie nicht von mir empfangen hatten." Joseph Smith macht also nichts anderes als die heutige Kirche. Er betrachtet die „Vielfalt biblischer Bilder", findet darunter die Polygamie und beschließt, dass er selber auch gerne so leben würde. Smith hatte (laut offiziellen mormonischen Quellen) etwa 40 Ehefrauen, von denen die jüngste gerade mal 14 Jahre alt war. Die Aufforderung hierzu hatte er höchst persönlich von einem Engel Gottes erhalten.

„Es bleibt entscheidend, wie Kirche und Theologie die Bibel auslegen und welche Orientierung sie damit geben", lautet der zweite Teil des oben zitierten Satzes aus der berüchtigten Orientierungshilfe, und auch hier erweisen sich die Autoren als die legitimen Nachkommen der biblischen Schriftgelehrten. Genau wie jene versuchen sie, die Deutungshoheit über die heiligen Texte zu beanspruchen, und verdrehen sie dabei nach eigenem Belieben. Doch wer einfach die Augen aufmacht und genau hinsieht, wie es Jesus oder auch Hans Jonas empfehlen, wird nicht auf derart plumpe Manipulationsversuche hereinfallen. Bei Jesus gibt es keine ‚Vielfalt des familiären Zusammenlebens', er spricht unmissverständlich von der Verbindung zwischen Mann und Frau, die gemeinsam „ein Fleisch" sind. Der Fehler der

Schriftgelehrten, ob damals oder heute, ist allerdings nicht eine Verhärtung der Augenlinsen, sondern des Herzens. Auch hier stimmen Jesus und Hans Jonas übrigens überein. Jonas spricht davon, dass der offensichtliche Ruf des Kindes vom kalten Herz der Mutter überhört werden kann, und auch Jesus konfrontiert die Pharisäer mit der Tatsache, dass es nur ihre Hartherzigkeit war, die Moses dazu veranlasste, ihnen die Scheidung zu erlauben. In diesem Sinne erweist sich also auch das geflügelte Wort von Antoine de Saint-Exupéry als zutreffend: „Man sieht nur mit dem Herzen gut, das Wesentliche ist für die Augen unsichtbar." Nicht zufällig war der kleine Prinz noch ein Kind.

Ehrlichkeit

Bei jeder sich bietenden Gelegenheit erzählt meine Mutter die Geschichte, wie unsere Familie einmal gemeinsam das Grab meines Großvaters besuchte. Ich muss damals vier oder fünf gewesen sein. Wir gingen also gemeinsam mit meiner Großmutter, der Witwe des Verstorbenen, auf den Melatenfriedhof in Köln. Nachdem wir eine gewisse Zeit am Grab verweilt hatten und meine Großmutter die Kerze erneuert hatte, sagte ich zu ihr: „Momo, du liegst noch nicht hier. Aber bald!" Ich selbst kann mich an diese Aussage nicht erinnern, aber wer bin ich, meiner Mutter zu widersprechen? Außerdem ist diese Geschichte viel zu schön, um erfunden zu sein. Im Übrigen hatte ich, Gott sei Dank, vollkommen unrecht. Denn meine über alles geliebte Großmutter weilte noch ganze fünfzehn Jahre unter uns.

Diese kleine Geschichte sei nicht unbedingt zur Nachahmung empfohlen, aber ich erinnere mich ganz gern an sie. Irgendwo tief in mir bin ich ein Kind geblieben – wie es in einem berühmten Musical heißt. Bis heute habe ich oft ein zu lockeres Mundwerk, ich sage die Dinge so, wie ich sie sehe. Kürzlich las ich von einer faszinierenden Studie, in der belegt wurde, dass Menschen, die häufig fluchen, zu den ehrlicheren Menschen gehören. Begründet wurde dieses Ergebnis damit, dass ein Mensch, der seine Worte sprachlich nicht filtert, dies auch gedanklich nicht tut, woraus sich schließen lässt, dass er sich in seinem Kopf keine Lügen zurechtlegt. Wiederum sei davon abgeraten, sich das Fluchen zum Leitbild zu nehmen. Höflichkeit und gutes Benehmen haben ihren berechtigten Platz in unserer Gesellschaft. Aber auch weit bedeutendere Theologen als ich verspürten zuweilen den Drang, diese Formen der Höflichkeit über Bord zu werfen, wenn es angebracht schien. So ärgerte sich Karl Barth, einer der einflussreichsten Theologen des 20. Jahrhunderts, einmal maßlos über seinen Freund und Kollegen Emil Brunner. Dieser hatte eine Reihe von Thesen veröffentlicht, für die er sich auf die Autorität Barths berief. Jener wiederum fühlte sich fälschlich vereinnahmt und verfasste eine Gegenschrift, der er den kompakten Titel „Nein!" gab. Im Vorwort erläutert er dann: „Ich habe jetzt andere Sorgen als die, vornehm zu sein. Ich muss jetzt deutlich werden."

Vermutlich ging es auch Jesus selbst so, als er sich zu einer Tat hinreißen ließ, die für viele in einem Widerspruch zu seinem sonstigen Verhalten sowie zu seiner eigenen Lehre zu stehen scheint: die berüchtigte Tempelreinigung.

Sie kamen nach Jerusalem, und Jesus ging in den Tempel. Dort jagte er alle Händler und Käufer hinaus; die Tische der Geldwechsler und die Stände der Taubenhändler stieß er um. Er duldete noch nicht einmal, dass jemand irgendetwas durch den Tempelvorhof trug. „Ihr wisst doch, was Gott in der Heiligen Schrift sagt", rief Jesus der Menschenmenge zu: „‚Mein Haus soll für alle Völker ein Ort des Gebets sein', ihr aber habt eine Räuberhöhle daraus gemacht." Nachdem die Hohepriester und Schriftgelehrten von diesen Ereignissen gehört hatten, stand ihr Entschluss fest, Jesus umzubringen. Sie fürchteten seinen Einfluss, denn seine Worte hinterließen tiefen Eindruck bei den Menschen._

Jesus, der Friedliebende, der Gewaltlose, der Sanftmütige wird auf einmal zur wilden Bestie und prügelt die Händler aus dem Tempel hinaus. Doch werfen wir zunächst einmal einen genaueren Blick auf die umstrittene Szene, bevor wir unseren Heiland der Inkonsequenz bezichtigen. Als Erstes darf wohl festgehalten werden, dass hier von Gewalt im engeren Sinne nicht die Rede sein kann. Mit Sicherheit hat Jesus die Händler nicht höflich gebeten, sie mögen doch bitte, wenn es ihnen nichts ausmache, den Tempel beizeiten wieder verlassen. Grausamkeiten lassen sich aus dieser Beschreibung aber nun wirklich nicht herauslesen, auch wenn es durchaus im Bereich des Möglichen liegt, dass Jesus bei dieser ‚Reinigung' auch handgreiflich geworden ist. Wer darin allerdings eine Inkonsequenz sehen möchte, hat wohl eher einen Widerspruch zu seinem eigenen Jesusbild aufgedeckt. Wer in Jesus den kiffenden Ökofreak mit Blumenkrone sieht, muss über derartige Handlungen natürlich verwundert sein. Wer sich aber auf die Suche nach dem wahren Jesus des Evangeliums macht, der erkennt, dass seine Augen, in denen die Liebe zu seinen Mitmenschen leuchtete, durchaus auch Blitze verschleudern konnten. Insbesondere, wenn Jesus auf Scheinheilige und Gotteslästerer traf, verhärteten sich seine heitere Miene und seine sonore Stimme zu finsteren Blicken und scharfem Groll. So auch in diesem Fall: Er kann es nicht ertragen, dass gierige Geschäftsleute den Tempel Gottes entweihen. Dass es sich dabei um das Haus seines Vaters handelt, sollte nicht unterschätzt werden. Der moderne Machbarkeitswahn will uns einreden, dass es sich bei der Vater-Sohn-Beziehung lediglich um ein beliebig austauschbares Bild handele, weshalb man auch problemlos von Mutter und Sohn, Vater und Tochter oder einfach auch von abstrakten Begriffen wie der göttlichen Kraft sprechen könne. Aber die Beziehung eines Vaters zu seinem (einzigen) Sohn ist eine besondere, ebenso wie die Verpflichtung, die der Sohn gegenüber dem Vater empfindet. Dies gilt auch für das Verhältnis Jesu zu seinem Vater, was eine zusätzliche Erklärung für seine überaus emotionale Reaktion an dieser Stelle sein mag.

Freude

„Freuet euch in dem Herrn allewege, und abermals sage ich: Freuet euch!" So schreibt es der Apostel Paulus in seinem Brief an die Gemeinde in Philippi. Traditionellerweise wird dieser Abschnitt aus dem Philipperbrief am 4. Advent verlesen, weil auf die bereits zitierte Stelle der Vers folgt: „Der Herr ist nahe." Es geht also um die Freude, dem Herrn nahe sein zu können, um die Vorfreude auf sein Kommen, das wir wenige Tage später in der Heiligen Nacht feiern wollen.

Gerne klagen wir heutzutage darüber, dass die wahre Bedeutung von Weihnachten verloren gegangen sei und es bei diesem Fest mittlerweile nur noch um die Geschenke ginge. So berechtigt die Kritik am Verlust der weihnachtlichen Botschaft sein mag, so falsch ist es, hier einen kategorischen Gegensatz zur Tradition des Schenkens aufzubauen. Es hat seinen guten Grund, dass wir uns zu Weihnachten beschenken, uns gegenseitig eine Freude machen wollen. In Form von Geschenken geben wir etwas von der Freude wieder, die wir selbst durch das Kommen des Herrn empfinden. „Eure Güte lasst kund sein allen Menschen!", gibt der Apostel seinen Lesern nicht umsonst im selben Atemzug mit auf den Weg.

Natürlich haben Geschenke in unserer Wohlstandsgesellschaft für gewöhnlich nur wenig mit dem zu tun, was man gemeinhin ‚Güte' zu nennen pflegt. Aber schließlich gibt es ja Möglichkeiten, über den eigenen Freundeskreis hinaus aktiv zu werden. Jedes Jahr freue ich mich über die Aktion „Weihnachten im Schuhkarton", bei der Menschen in ganz Deutschland Geschenke verpacken, die dann an bedürftige Kinder in Osteuropa geschickt werden. Weniger freue ich mich auf die Diskussionen, die ich diesbezüglich ebenfalls in jedem Jahr führen muss. Das sei ja überhaupt nicht nachhaltig, vielmehr müsse man strukturelle Verbesserungen in diesen Ländern herbeiführen, den Kindern bessere Bildungschancen und Arbeitsplätze vermitteln usw. usw. So oder so ähnlich klingen die Gegner solcher Aktionen, übrigens auch von kirchlicher Seite. Es sind vor allem zwei Dinge, die mich daran stören. Zum einen kommen diese Einwände für gewöhnlich von Leuten, die zwar meckern, aber selbst keinen Finger rühren, um diesen Kindern zu helfen. Zum zweiten verkennen diese Menschen den Wert solcher Geschenke völlig. Freude ist nachhaltig. Wer einmal gesehen hat, wie sich ein kleines Kind, das Vater und Mutter und vielleicht auch alles andere verloren hat, über einen Teddybär, ein Spielzeugauto oder eine Puppe freuen kann, der wird nie wieder sagen, diese Gesten seien nicht wirksam. Natürlich braucht es trotzdem auch Verbesserungen auf gesellschaftlicher Basis. Schulen, Ausbildungsplätze, diese Dinge sind notwendig, um ein erfolgreiches Leben zu führen. Aber die Freude darüber, dass es jemanden auf der Welt gibt, der an mich denkt, dem ich nicht egal bin, der sich um mich sorgt, obwohl er mich gar nicht kennt – diese Freude kann für einen Menschen das Leben überhaupt erst lebenswert machen.

Papst Franziskus unterstützt die Aktion „Weihnachten im Schuhkarton" übrigens aus vollem Herzen. Etwas anderes wäre von diesem Papst, der so viel kindliche Freude ausstrahlt wie kaum einer seiner Vorgänger, auch nicht zu erwarten gewesen. Jüngst veröffentlichte das Oberhaupt der römisch-katholischen Kirche sogar ein Buch, in dem er auf Briefe von Kindern aus aller Welt antwortete. „Aber das sind richtig schwierige Fragen!", meinte Franziskus zu Antonio Spadaro, dem Direktor der Zeitschrift *La Civiltà Cattolica*, der ihm die Briefe überbrachte. Und dieser ergänzt: „In der Tat!

Ich habe sie gelesen, und auch ich fand sie nicht einfach. Die Fragen der Kinder zielen direkt aufs Wesentliche, ohne Umwege, ohne Drumherum. Sie sind messerscharf, sonnenklar, oft unvermittelt und schnörkellos. Keine Chance, sich hinter abstrakten Gedankengebäuden oder fadenscheinigen Argumenten zu verschanzen." Mit anderen Worten: Keine Chance für Schriftgelehrte und Pharisäer!

Auf die Frage eines kleinen Mädchens aus Albanien, ob er früher als Kind gerne getanzt habe, antwortet Franziskus wie folgt: „Und wie, liebe Prajla! Wirklich viel! Ich war gerne mit den anderen Kindern zusammen, wir haben immer Ringelreihen gespielt […] Als junger Mann habe ich dann gerne Tango getanzt. Ich mag Tango. Tango drückt Freude und Glück aus. Wer traurig ist, kann nicht tanzen […] Sogar der große König David tanzte. Er machte Jerusalem zur Heiligen Stadt und führte in einer feierlichen Prozession die Bundeslade dorthin. Dann aber begann König David, vor der Bundeslade zu tanzen. Es war ihm egal, ob ‚man das machte'. Er vergaß ganz, sich wie ein König zu benehmen, und er tanzte wie ein kleines Kind! Als seine Frau Michal ihn so herumhüpfen sah, schimpfte sie David. Sie wurde ganz furchtbar ernsthaft. Ich nenne so etwas das ‚Michal-

Syndrom'. Menschen, die keine Freude ausdrücken können, sind immer sehr ernsthaft. Also tanzt, liebe Kinder, damit Ihr nicht allzu ernst werdet, wenn Ihr Erwachsene seid!"

Auch an dieser Stelle sei darauf hingewiesen, dass es möglicherweise nicht ratsam ist, als Pastor am Sonntagmorgen plötzlich wie ein Kleinkind vor dem Altar herumzualbern und zu tanzen. Aber dennoch steckt viel Wahrheit in der Warnung des Papstes vor dem ‚Michal-Syndrom' oder, wie man es auch nennen könnte, dem ‚Pharisäer-Syndrom'. Diese Menschen, die Jesus nicht einmal die Freude eines gemeinsamen Essens mit den „Zöllnern und Sündern" gönnen wollten, sind ein warnendes Beispiel dafür, wie man jedwede kindliche Freude im Leben verlieren kann. Zwar ist die Herausbildung einer gewissen Reife jedem Menschen im Laufe seiner Entwicklung zu wünschen. Aber man kann alles zu weit treiben. Es ist eben beim Menschen wie beim Obst: Nach der Reife kommt die Fäule.

Ich selbst bemerkte diesen Zwiespalt einmal in besonderer Weise während meiner Zeit als Dozent an der Universität. Gemeinsam mit zwei Kollegen prüfte ich einen Studenten im Fach ‚Bibelkunde'. Hierbei handelt es sich um eine recht umfangreiche Prüfung, bei der von den Prüflingen ein umfassendes Wissen über sämtliche biblischen Bücher erwartet wird. Die Prüfung verlief nicht allzu gut, und so wollte ich dem Prüfling mit einer offenen und eher einfachen Frage zum Abschluss die Möglichkeit geben, sich doch noch vor dem Durchfallen zu retten, und fragte: „Was steht denn im Philipperbrief?" Wie aus der Pistole geschossen antwortete der junge Mann: „Freuet euch!" Die Prüfer warfen sich leicht skeptische Blicke zu, danach fragte ich: „Könnten Sie das vielleicht noch ein wenig ausführen? Was steht denn noch so im Philipperbrief?" Wieder sprudelt es aus dem Studenten heraus: „Und abermals sage ich: Freuet euch!" Als Gelehrter musste ich diese Antwort leider negativ bewerten. Als Kind kann ich sagen: Dieser Mann hat die Botschaft des Paulus verstanden und verinnerlicht. „Freuet euch in dem Herrn allewege, und abermals sage ich: Freuet euch!" Das ist die Botschaft. Akademische Erläuterungen sind überflüssig.

Kirche statt Hochschule

„Jesus hat das Reich Gottes verkündet – gekommen ist die Kirche." Diese Worte des französischen Theologen Alfred Loisy (1857–1940) mögen auf den ersten Blick zynisch oder gar sarkastisch wirken, doch sind sie durchaus ernst gemeint. Die Kirche als Gemeinschaft der Gläubigen ist der Leib Christi, ein Abbild des Gottesreiches, von dem die Predigt Jesu zeugt. Natürlich steckt in dem genannten Zitat zugleich eine gewisse Enttäuschung, die auch berechtigt sein mag, wenn man bedenkt, wie wenig die Kirche mitunter diesem Bild gerecht wird. Aber wie immer man die Rolle der Kirche in der Verkündigung Jesu genau bestimmen mag, eines ist jedenfalls sicher: Theologische Hochschulen kommen in dieser Verkündigung nicht vor.

Das bedeutet keineswegs, dass diese Einrichtungen nicht ihren berechtigten Platz in Gottes Heilsplan hätten. Aber wenn die Kirche den Leib Christi bildet, so entspricht die theologische Hochschule in ihrer Bedeutung vielleicht der rechten Hand an diesem Körper. Lebensnotwendig ist diese Hand nicht, und doch weiß jeder, wie ungemein hilfreich und nützlich sie sein kann. Wenn sie dich aber verführt, warnt Jesus in seiner Bergpredigt, „so hau sie ab und wirf sie von dir!" Und wenn man sich anschaut, was diese Einrichtungen mitunter so anrichten, kann einem schon mal nach Abhauen zumute sein.

„Unaufhaltsam ergießt sich eine Flut glaubensloser und oft pietätloser Kritik von den theologischen Lehrstühlen unserer deutschen Hochschulen über unsere arme theologische Jugend und rüttelt an der Grundlage unseres Glaubens, nämlich an der Heiligen Schrift. Viele junge Theologen ziehen fröhlich im Glauben auf die Universität und kommen mit zerbrochenem Glauben zurück."

Wer jetzt meint, diese Klage stamme aus der heutigen Zeit, irrt. In Wahrheit wurde sie bereits Mitte des 19. Jahrhunderts von Friedrich von Bodelschwingh, dem Begründer der Bodelschwinghschen Stiftungen Bethel, ausgesprochen. Offenbar scheint sich die Situation an den deutschen Fakultäten in den letzten zweihundert Jahren nicht wesentlich verändert zu haben. Auch während meines Studiums hörte ich Sätze wie: „Wer Theologie studiert und die Uni nicht als Heide verlässt, ist nicht ehrlich." Nun, ich habe es geschafft, die Uni als Christ zu betreten und auch wieder zu verlassen, aber ich kann aus eigener Erfahrung sagen, dass es Zeiten gab, in denen es hätte anders ausgehen können.

Es ist bedauerlich, dass sich die akademische Theologie in diese Richtung entwickelt hat. Dabei hätte sie so glänzende Vorbilder wie zum Beispiel den Kirchenvater Johannes von Antiochia gehabt, dem seine Gemeinde aufgrund seiner sprachlichen Begabung den Beinamen Chrysostomos verlieh, was so viel wie „Goldmund" bedeutet. Wer die Schriften und Predigten dieses Mannes studiert, wird schnell feststellen, dass selten jemand mit einem passenderen Beinamen versehen wurde. Als einer von zahlreichen möglichen Belegen sei hier ein Wort des Chrysostomos zum Verständnis der Eucharistie erwähnt: „Wenn du Christus nicht in dem Bettler, der vor deiner Kirche sitzt, erkennst, dann erkennst du ihn auch nicht im heiligen Abendmahl." Welch eine virtuose Deutung des Lebens und Sterbens Christi! Statt einer kleinlichen Differenzierung zwischen Konsubstantiation und Transsubstantiation, die dem Geiste Jesu völlig fremd war, verknüpft Chrysostomos die Abendmahlsworte Jesu „Dies ist mein Leib" mit seiner Botschaft „Was ihr getan habt einem von diesen meinen geringsten Brüdern, das habt ihr mir getan." Die Wirkung des Opfers Jesu, dessen wir beim

Heiligen Abendmahl gedenken, wird für mich wirksam, wenn ich die Liebe, die sich in diesem Opfer zeigt, auch meinem Nächsten gegenüber erweisen kann.

Es gibt eine ganze Reihe theologischer Kommentare zu den Predigten des Chrysostomos. Doch zeigt sich auch hier wieder die traurige Tendenz der akademischen Theologen, sich nicht an der lebendigen Größe dieser Predigten zu erfreuen, sondern sie stattdessen zu Tode zu analysieren. Selbst bei eher banalen Sätzen gelingt ihnen dieses Kunststück. So findet sich in einer Predigt des Chrysostomos der Aufruf: „Lasst uns nicht nachlassen in den Läufen für die Tugend." Ein wahnsinnig komplizierter Satz, für den einfachen Predigthörer kaum zu verstehen. Doch zum Glück haben wir ja die Theologen, die uns mit ihren glasklaren Kommentaren zu dieser Stelle aushelfen: „Sowohl der athletische Lauf (bildspendender Bereich), der einen Appell an ein diszipliniertes Verhalten darstellt und Zielgerichtetheit einschließt, als auch der Imperativ in der 1. Person Plural, der zum Handeln auffordert und an ein Ethos anschließt, das zum Positiven verändert werden soll (bildempfangender Bereich), verdeutlichen eine ermahnende, paränetische Valenz der Metapher." Persönlich hatte ich aus diesem Geschwafel zumindest *einen* Erkenntnisgewinn: Ich wusste bis dahin nicht, dass Metaphern überhaupt Valenzen haben, ich kannte den Begriff nur aus der Chemie.

Wenn ich mich öffentlich zu den aberwitzigen Zuständen innerhalb der akademischen Theologie äußere, höre ich des Öfteren den Einwand, Wissenschaft müsse ja nicht für jeden verständlich sein, man müsse beispielsweise auch keine medizinischen Fachzeitschriften verstehen, wenn man ein Medikament einnehmen möchte. So richtig dieses Argument ist, so falsch ist der Vergleich. In der Medizin ist die wissenschaftliche Publikation gleichsam eine Zwischenstufe, das Endprodukt bildet dann das Medikament oder die Behandlungsmethode. Daher kann es den Patienten mitunter tatsächlich egal sein, wie ein Medikament funktioniert oder wie eine bestimmte Behandlungsmethode erforscht wurde. Die Theologie jedoch produziert keine Medikamente oder ähnliche Produkte, sie erschafft Worte, Gedanken, Sprache, Ideen. In der Theologie ist die wissenschaftliche Publikation bereits das Endprodukt, eine Zwischenverwertung findet nicht statt. Wenn also die entsprechende Veröffentlichung für die überwiegende Zahl der Gläubigen unnütz und/oder unverständlich bleibt, so hat sie ihr Ziel verfehlt.

Bereits im vorangegangenen Kapitel wurde deutlich, dass Jesus wenig für die akademische Elite seiner Zeit übrighatte. Das liegt vor allem an seiner Abneigung gegen kleingeistige und abstrakte Diskussionen, die sich weit über den Köpfen und Leben der Normalsterblichen abspielen. Jesus hingegen verfügt über die bemerkenswerte Fähigkeit, die Dinge auf den Punkt zu bringen, was sich nicht zuletzt in seinen Gleichnissen zeigt, über die der junge Albert Schweitzer einmal schrieb: „Man kann kein Wort hinzusetzen und keines hinwegnehmen, sondern so wie sie sind, sind sie vollkommen, und der größte Dichter der Welt hätte es nicht so, geschweige denn besser machen können. Sowie man versucht, sie mit anderen Worten zu erzählen, hinken sie lahm hinterher. Jesus versteht eben das Malen in Worten, was die höchste Kunst des Redners und des Schriftstellers ist, in einzigartiger Weise." Tatsächlich sind die Gleichnisse Jesu von einer faszinierenden Schönheit, jener Schönheit, die dem Wahren und Guten so eng verwandt ist. Ob das Gleichnis vom verlorenen Sohn, das wie kein anderes die verschwenderische und allen Konventionen trotzende Liebe Gottes veranschaulicht, das Gleichnis vom Sämann, das Vincent van Gogh ein Leben lang begleitete und inspirierte, oder der sprichwörtlich gewordene barmherzige Samariter –

in allen diesen Worten zeigt sich die meisterhafte Begabung Jesu, der Welt die unerklärbaren Geheimnisse des Göttlichen auf einfachste Weise nahezubringen.

Was dabei herauskommt, wenn sich Menschen mit weit geringerer Begabung an die Gleichnisse Jesu heranwagen, kann jederzeit in den Publikationen unserer theologischen Gelehrten nachgelesen werden. Anstatt vor der Schönheit und Schlichtheit dieser Gleichnisse in Ehrfurcht die Knie zu beugen, verfasst man lieber riesige Wälzer und unzählige Artikel über die Frage, ob es sich bei den jeweiligen Worten Jesu tatsächlich um Gleichnisse handelt. Gott bewahre, am Ende handelt es sich nämlich bei dem Gleichnis von den Arbeitern im Weinberg gar nicht um ein Gleichnis, sondern um eine Parabel! Oder ist es vielleicht doch eher eine Beispielerzählung? Oder ein Bildwort? Oder eine Allegorie? Und wenn es eine Allegorie ist, haben wir es dann mit einer Allegorisierung oder mehr mit einer Allegorese zu tun? Das Gleichnis vom barmherzigen Samariter beispielsweise gehört laut offizieller Katalogisierung nicht in die Kategorie der Gleichnisse, sondern in die der Beispielerzählungen, da in ihm die „Konterdetermination" fehlt. Ob Jesus das bei seiner Predigt bedacht hat?

Auch wenn es gelegentlich wie eine Szene aus einem Loriot-Sketch wirkt, so gibt es tatsächlich mehrtägige theologische Symposien, auf denen erwachsene Menschen über nichts anderes diskutieren als über derart absurde Definitionsversuche. Dass sie damit nicht das Geringste zum Verständnis der Gleichnisse beitragen, sondern im Gegenteil das Ganze unnötig verkomplizieren, scheint ihnen entweder nicht bewusst oder gleichgültig zu sein. Der Ausruf Jesu „Weh euch, ihr Schriftgelehrten und Pharisäer, die ihr Mücken aussiebt, aber Kamele verschluckt" gewinnt vor diesem Hintergrund eine völlig neue Aktualität. Auch vor den Briefen des Paulus machen die modernen Schriftgelehrten bei ihrem Mückenaussieben nicht Halt und stürzen sich beispielsweise auf folgenden Abschnitt aus dem Philipperbrief:

Seid so unter euch gesinnt, wie es auch der Gemeinschaft in Christus Jesus entspricht:

Er, der in göttlicher Gestalt war,
hielt es nicht für einen Raub, Gott gleich zu sein,
sondern entäußerte sich selbst
und nahm Knechtsgestalt an,
ward den Menschen gleich
und der Erscheinung nach als Mensch erkannt.

Er erniedrigte sich selbst
und ward gehorsam bis zum Tode,
ja zum Tode am Kreuz.

Darum hat ihn auch Gott erhöht
und hat ihm den Namen gegeben,
der über alle Namen ist,
dass in dem Namen Jesu sich beugen sollen
aller derer Knie, die im Himmel und auf Erden
und unter der Erde sind,
und alle Zungen bekennen sollen,
dass Jesus Christus der Herr ist,
zur Ehre Gottes, des Vaters.

Was für ein Meisterwerk und Wunder an Schönheit! Paulus, der den menschlichen Jesus nie gesehen oder gehört hatte, gelingt es in diesen wenigen Zeilen, nicht nur den Kern des Christusgeschehens zu beschreiben, sondern auch die notwendige ethische Folgerung daraus abzuleiten. Doch was tun die heutigen Pharisäer, anstatt über die Botschaft des Paulus in Verzückung zu geraten? Sie spekulieren seit Jahrzehnten darüber, ob es sich bei diesem Text um einen Hymnus oder ein Enkomion handelt. Sollten Sie, verehrte

Leser, letzteres Wort nachschlagen müssen, trösten Sie sich: Paulus hätte den Unterschied auch nicht verstanden.

Das oben zitierte Seufzen Bodelschwinghs hat bereits deutlich gemacht, dass die destruktive Wirkung der akademischen Theologie kein spezifisches Phänomen unserer Zeit ist. Vermutlich ist dieses Phänomen nicht einmal ein Produkt der Moderne. Im ausgehenden Mittelalter finden wir eine ganz ähnliche Situation vor. Das einfache Volk hatte keinen Zugang zur Theologie. Die meisten Leute waren Analphabeten, noch dazu waren kirchliche Texte samt und sonders in Latein verfasst. Doch selbst die Gelehrten waren weitgehend Analphabeten, wenn es um das eigentliche Evangelium geht. Sie strebten nach Erkenntnis über die kategorische Einteilung des Universums, in dem alles und jeder seinen fest zugeordneten Platz hatte. Mit diesen abstrakten Welterklärungsmodellen verschanzten sich die Theologen jener Zeit in ihren Universitäten, hinter Bibliothekswänden so hoch wie die mächtigen Kathedralen. Martin Luther nahm den Kampf gegen die Scholastiker auf, so wie Jesus gegen die Gelehrten in seinem Umfeld vorgegangen war. Der Reformator verspottete die Scholastik als „müßige Theologie", denn das sei die eigentliche

Bedeutung des griechischen Wortes. Insbesondere den von den Scholastikern als gottgleich verehrten Aristoteles sah Luther als Erzfeind des wahren Glaubens. Der Reformator hingegen schätzte andere Autoritäten wie den deutschen Prediger Johannes Tauler, der jedoch für den akademischen Betrieb jener Zeit nicht gut genug war, schon allein deshalb, weil er nicht auf Latein, sondern auf Deutsch schrieb. Luther stellt dies mit Bedauern fest: „Zwar weiß ich, dass dieser Lehrer in den Theologenschulen unbekannt, vielleicht sogar verachtet ist. Aber ich habe darin, obwohl sie auf Deutsch geschrieben sind, mehr an gründlicher und rechtschaffener Theologie entdeckt, als bei sämtlichen Scholastikern sämtlicher Fakultäten." Was Luther jedoch mehr als alles andere von seiner akademischen Umwelt unterscheidet, ist das Ziel, das er mit seinem Unterricht verfolgt. In der Vorrede zu seiner berühmten Römerbriefvorlesung heißt es: „Darum will ich auch meinen Dienst dazu tun und will durch diese Vorrede, so viel mir Gott verliehen hat, eine Einleitung dazu geben, damit sie [die Epistel] von jedermann umso besser verstanden werde." Man stelle sich vor: Ein Theologieprofessor, der tatsächlich jedermann ein besseres Verständnis eines biblischen Textes vermitteln will!

Vielleicht ist der Konflikt des Glaubens mit der wissenschaftlichen Theologie also tatsächlich ein ewiger, alle Epochen überdauernder. Das jedenfalls war die Meinung des Literaturnobelpreisträgers Hermann Hesse bzw. seines Charakters Hans Giebenrath aus dem Roman „Unterm Rad" (1906). Hans ist ein überaus begabter Junge, der an der einseitigen Pädagogik seiner Zeit verzweifelt – und somit deutliche autobiographische Züge des Autors aufweist. Der Pfarrer des Dorfes, in dem Hans lebt, schätzt die theologische Wissenschaft, vernachlässigt darüber aber, so der Vorwurf des tiefgläubigen Schuhmachers Flaig, die Frömmigkeit. Als Hans eines Tages das Studierzimmer des Pfarrers betritt, schildert der Erzähler die Eindrücke wie folgt:

„Alles in allem, samt Zeitschriftenmappen, Stehpult und großem blätterbestreutem Schreibtisch, sah gelehrt und ernst aus. Man bekam den Eindruck, daß hier viel gearbeitet werde. Und es wurde hier auch viel gearbeitet, freilich weniger an Predigten, Katechesen und Bibelstunden als an Untersuchungen und Artikeln für gelehrte Journale und an Vorstudien zu eigenen Büchern. Die träumerische Mystik und ahnungsvolle Grübelei war von diesem Ort verbannt, verbannt war auch die naive Herzenstheologie, welche über die Schlünde der Wissenschaft hinweg sich der dürstenden Volksseele in Liebe und Mitleid entgegenneigt. Statt dessen wurde hier mit Eifer Bibelkritik betrieben und nach dem ‚historischen Christus' gefahndet. Es ist eben in der Theologie nicht anders als anderwärts. Es gibt eine Theologie, die ist Kunst, und eine andere, die ist Wissenschaft oder bestrebt sich wenigstens, es zu sein. Das war vor alters so wie heute, und immer haben die Wissenschaftlichen über den neuen Schläuchen den alten Wein versäumt, indes die Künstler, sorglos bei manchem äußerlichen Irrtum verharrend, Tröster und Freudebringer für viele gewesen sind. Es ist der alte, ungleiche Kampf zwischen Kritik und Schöpfung, Wissenschaft und Kunst, wobei jene immer recht hat, ohne daß jemand damit gedient wäre, diese aber immer wieder den Samen des Glaubens, der Liebe, des Trostes und der Schönheit und Ewigkeitsahnung hinauswirft und immer wieder guten Boden findet. Denn das Leben ist stärker als der Tod, und der Glaube ist mächtiger als der Zweifel."

Treffender kann man den besagten Konflikt kaum beschreiben. Es ist ja keineswegs so, dass die wissenschaftliche Theologie durchweg Lügen verbreiten würde. Dieser Täuschung erlag beispielsweise die Theologin

Eta Linnemann (1926–2009). Linnemann wurde 1970 an der Universität Marburg bei Rudolf Bultmann habilitiert und gehörte zur Elite der neutestamentlichen Forschung jener Zeit. Im Jahre 1979 kam dann der Schock für die akademische Welt: Linnemann sagte sich, nach eigenen Angaben infolge eines radikalen Bekehrungserlebnisses, von der historisch-kritischen Forschung los und bat darum, ihre bisherigen Arbeiten zu vernichten. Die folgenden Jahre wirkte sie bis zu ihrem Tod als erbitterte Kämpferin gegen die wissenschaftliche Exegese. Leider verrannte sie sich jedoch so sehr in ihrem heiligen Trotz, dass sie jegliche Berechtigung der akademischen Theologie leugnete und diese – oftmals zu Unrecht – der Lüge und Fälschung bezichtigte. Damit verkannte sie jedoch deren eigentlichen Charakter.

Vielmehr ist es so, wie Hesse es beschreibt. Die wissenschaftliche Theologie hat recht, aber ohne dass jemandem damit gedient wäre. Ihre Ergebnisse sind größtenteils richtig und akzeptabel. Die Frage aber bleibt, wohin diese führen. Stellen wir uns vor, jemand wolle Klavierspielen lernen. Würde er sich dafür an eine naturwissenschaftliche Fakultät begeben? Mit Sicherheit könnte er dort viel lernen. Er würde die Mechanik eines

Klaviers verstehen lernen, würde erkennen, wie durch den Tastendruck Töne erzeugt werden. Ein Physikprofessor könnte ihm erläutern, dass und warum sich Schallwellen bei Raumtemperatur mit 343 m/s durch die Luft verbreiten. Vielleicht würde unser Klavierschüler von einem Mediziner oder Neurologen sogar noch etwas über die Aufnahme der Töne durch die Ohren und deren Verarbeitung im Gehirn erfahren. Keine dieser Informationen wäre falsch, im Gegenteil, sie sind alle naturwissenschaftlich belegt und gesichert. Aber bringen sie unseren Kandidaten seinem Ziel, Klavier spielen zu können, auch nur einen Zentimeter näher? Das ist es eben! Die Frage ist nicht die nach richtig und falsch im abstrakten Sinne, sondern nach richtig und falsch in Bezug auf das konkrete Ziel. Nicht ohne Grund spielt Hesse in der zitierten Stelle aus seinem Werk auf das berühmte Gleichnis Jesu vom Sämann und dem vierfachen Ackerfeld an:

Siehe, es ging ein Sämann aus zu säen. Und es begab sich, indem er säte, fiel etliches an den Weg; da kamen die Vögel und fraßen's auf. Anderes fiel auf felsigen Boden, wo es nicht viel Erde hatte, und ging bald auf, weil es keine tiefe Erde hatte. Da nun die Sonne aufging, verwelkte es, und weil es keine Wurzel hatte, verdorrte es. Und anderes fiel unter die

Dornen, und die Dornen wuchsen empor und erstickten's, und es brachte keine Frucht. Und all das Übrige fiel auf das gute Land, ging auf und wuchs und brachte Frucht, und einiges trug dreißigfach und einiges sechzigfach und einiges hundertfach. Und er sprach: Wer Ohren hat zu hören, der höre!

Während die Saat der Wissenschaftler keine gesunden Wurzeln hat und daher verdorren muss, gelingt es den Künstlern, für ihren guten Samen des Glaubens und der Liebe auch guten Boden zu finden. Solche Sämänner sucht man an unseren theologischen Hochschulen zumeist vergeblich, wobei ausdrücklich erwähnt sein soll, dass es einige wenige gibt. Aber die Mehrzahl der dortigen Professoren gehört einer von zwei Fraktionen an. Die einen leben zurückgezogen hinter ihren Bücherregalen, ohne wirklichen Kontakt zur Welt und zu den Menschen. Sie sind, im wahrsten Sinne des Wortes, weltfremd. Das bedeutet nicht, dass solche Menschen keine richtigen wissenschaftlichen Ergebnisse liefern können. Aber wie soll so jemand in der Lage sein, sich in die großen Gestalten der Heiligen Schrift hineinzuversetzen? Der Theologe Hermann Gunkel (1862– 1932) beschrieb die Natur der alttestamentlichen Propheten einmal mit den Worten: „Diese Männer sind also leidenschaftliche Naturen, von einer auch uns Nachgeborene erschütternden und erhebenden Kraft." Und dann fügt er den entscheidenden Gedanken hinzu: „Wer Jesaja erklärt, muss träumen, er sei Jesaja." Kann ein weltfremder Akademiker das? Kann er nachempfinden, wie es sich für den Propheten Jesaja anfühlte, seinen Mund von den Seraphim mit glühender Kohle gereinigt zu bekommen? Kann ein verbeamteter Bücherwurm einen missionarischen Feuerkopf wie Paulus verstehen? Persönlichkeiten von solch unbändiger Willenskraft lassen sich nicht in Fußnoten bannen.

Die zweite Gruppe von Akademikern ist ein wenig extrovertierter und gefällt sich in überheblicher Zurschaustellung ihres eigenen Wissens. Es schert sie dabei wenig, ob sie den Glauben anderer dabei in Unruhe versetzen oder gar schwer beschädigen. Auch hier gilt natürlich die oben beschriebene Feststellung, dass keineswegs alles, was diese Leute von sich geben, falsch sein muss. Aber es nützt wenig, einen Acker zu pflügen, ohne etwas Neues darauf zu säen. Allzu oft werden vermeintlich große Erkenntnisse vorgetragen, durch die traditionelle Glaubensinhalte gefährdet oder zerstört werden, doch kaum jemand macht sich die Mühe, neue oder bessere Inhalte an deren Stelle zu setzen. Hier greift die bedeutsame Weisung des Apostels: „Die Erkenntnis bläht auf, aber die Liebe baut auf."

Ich selbst habe mir diese Aussage immer wieder zu Herzen genommen, ja zu Herzen nehmen müssen. Denn, ich muss es gestehen, auch in meiner Brust schlägt mitunter das Herz eines rechthaberischen Klugscheißers. Vermutlich trägt jeder Dozent und jeder (Sachbuch-)Autor ein wenig von diesem Charakter in sich. Deswegen ist der Satz des Paulus für unsereinen so wichtig. Wie wir im vorigen Kapitel gesehen haben, findet der Gelehrte häufig schwerer Zugang zum Glauben als der kindlich Naive. Das liegt aber keineswegs daran, dass er sich diesen Zugang absichtlich schwermachen würde. Manche Menschen – und ich gehöre zweifellos dazu – haben einen skeptischeren Zugang zur Wirklichkeit als andere. Das macht uns zu großartigen Philosophen oder auch Detektiven. Aber zugleich erschwert es uns auch den kindlichen Zugang zum Glauben. Obwohl ich die Heilige Schrift als oberste Autorität anerkenne, kann ich ihrem Zeugnis nicht einfach fraglos vertrauen, wie es andere Menschen können. Deshalb brauche ich weitergehende

Erklärungen, intellektuelle Hilfestellungen, um dennoch einen Zugang zum Wort Gottes finden zu können. Aber genau das ist der Punkt: *Ich* brauche diese Dinge, *andere* nicht. Ich habe viele Freunde, die nicht mal die Hälfte von dem intellektuellen Ballast mit sich herumschleppen, der in meinem Kopf Einzug gehalten hat. Dennoch kann ich mit ihnen tiefe Gespräche über Gott, den Glauben und die letzten Dinge führen, weil wir eine Bindung jenseits des Intellekts haben. Es ist nicht meine Aufgabe, anderen Menschen meine intellektuellen Lasten aufzubürden, insbesondere dann nicht, wenn dies unsere Gemeinschaft im Glauben gefährden könnte. Diese persönliche Verantwortung wurde von John Wesley (1703–1791), dem Begründer der methodistischen Kirche, in einer seiner Predigten hervorragend auf den Punkt gebracht:

„Es gibt noch andere Geschäfte, denen viele mit vollkommener Unschuld und ohne Schaden für ihren Körper oder ihren Geist nachgehen. Und dennoch kannst **du** es vielleicht nicht: Entweder verwickeln sie dich möglicherweise in eine Gesellschaft, die deine Seele zerstören würde – und durch wiederholte Versuche könnte sich herausstellen, dass du das eine von dem andern nicht zu trennen vermagst –, oder es gibt vielleicht eine persönliche Eigenart, eine Besonderheit deiner seelischen Konstitution (wie es sie vielfach bei der körperlichen Konstitution gibt), die zur Folge hat, dass jene Beschäftigung für **dich** tödlich ist, während sie ein anderer ungefährdet betreiben kann. So bin ich nach vielen Versuchen überzeugt, dass ich weder Mathematik noch Arithmetik oder Algebra in irgendeiner profunden Weise studieren könnte, ohne Deist, wenn nicht gar Atheist zu werden. Und doch können andere diese Fächer ihr Leben lang studieren, ohne irgendeine Beeinträchtigung zu erleiden. Deshalb kann hier keiner für einen anderen entscheiden, sondern jeder muss für sich selbst urteilen und auf alles verzichten, was er persönlich für seine Seele als schädlich empfindet."

In unsere heutige Zeit übertragen wäre es vielleicht weniger die Mathematik, die uns Christen Gewissensprobleme bereiten würde, sondern eher Fragen aus dem Bereich der biologischen Wissenschaften, etwa die Evolutionstheorie. Ich selbst befasse mich intensiv mit den neuesten Erkenntnissen der Wissenschaft, auch im Bereich der Evolution, und ich habe keinerlei Probleme damit, diese in mein Leben als Christ zu integrieren. Aber ich weiß auch, dass dies, wie Wesley richtig sagt, eine persönliche Veranlagung ist, die nicht alle Menschen teilen. Deshalb würde ich von anderen Christen niemals verlangen, sich in diese Dinge einzuarbeiten. Gleichzeitig wünsche ich mir natürlich auch, dass man mir meine Überzeugungen nicht verächtlich zu machen sucht. Nur so kann christliche Gemeinschaft auf Dauer funktionieren, nur so kann die Kirche fortbestehen.

„Wer die Kirche nicht als Mutter hat, kann Gott nicht als Vater haben", schrieb Cyprian von Karthago (†258) nachfolgenden Generationen von Christen ins Stammbuch. Vielleicht wirkt diese starke Betonung der Institution Kirche heute auf den einen oder anderen befremdlich. Aber es steckt viel Wahrheit in dieser Aussage. Die Gemeinde ist kein zufälliger Zusammenschluss von Menschen, die einfach nur zusammenkommen, weil sie ungern alleine sind. Erst in der Gemeinschaft wird christlicher Glaube wirklich erfahrbar. Doch ebendiese Gemeinschaft muss man an theologischen Hochschulen oft entbehren. Die meisten Professoren verfügen nicht über ein lebendiges Gemeindeleben, was ein weiterer Grund für die oft destruktive Wirkung eines theologischen Studiums ist. Man würde es sich zu einfach machen, die Schuld nur bei den dort unterrichteten Inhalten zu suchen. Christlicher Glaube ist eine persönliche Beziehung, in jeder Hinsicht. Und so, wie die meisten Menschen durch andere Menschen zum Glauben geführt worden sind, können sie auch von Menschen wieder von ihm entfernt werden. Von Menschen ohne Gemeindebindung zur Gemeindeleitung ausgebildet zu werden kann nur nach hinten losgehen. Seit sich die Hochschulen weitgehend von den Gemeinden losgelöst haben, kommt es zu einer immer stärkeren Entfremdung zwischen den Gemeinden und ihren Pastoren. Das führt dann zu solch skurrilen Situationen, wie sie von dem amerikanischen Theologen Stanley Hauerwas (*1940) beschrieben werden:

„Als der junge Pastor in seiner ersten Gemeinde angekommen war, wurde er gefragt, wo er studiert hätte. Er nannte den Namen der Hochschule und einige der Kurse, die er belegt hatte. ‚Alles gut und schön‘, meinte eines der älteren Gemeindeglieder, aber wir sind hier auch so eine Art Seminar. Wir müssen dir helfen, erst einmal einige dieser Hochschuldinge wieder zu verlernen. Manche der besten Prediger in unserem Kirchenkreis haben ihre Ausbildung erst hier bei uns vor Ort erhalten.‘"

Für viele Studiengänge gilt, dass die an der Universität erworbenen Kenntnisse nicht eins zu eins in der Praxis umsetzbar sind. Jeder Student der Betriebswirtschaftslehre macht diese Erfahrung in seinem ersten wirklichen Betrieb. Das Studium der Theologie aber geht nicht einfach nur über die Gemeindepraxis hinaus, es läuft ihr größtenteils zuwider! Deshalb muss der studierte Theologe, wie es das oben zitierte Gemeindeglied richtig beschreibt, tatsächlich vieles Erlernte erst einmal wieder *ver*lernen, wenn er seinen Dienst in der Gemeinde antritt. Deshalb ist die Kirche der entscheidende Ausbildungsort für angehende Pastoren, nicht die Hochschule.

Wahrheit statt Wissenschaft

„Theologie ist nicht Mathematik. 2 + 2 kann in der Theologie 5 ergeben. Denn sie hat es mit Gott und dem wahren Leben der Menschen zu tun." Mit dieser Stellungnahme überraschte Antonio Spadaro, der bereits erwähnte Herausgeber der Zeitschrift *La Civiltà Cattolica* und enge Vertraute von Papst Franziskus, Anfang des Jahres seine zahlreichen Follower bei Twitter. Es bedarf keiner Erwähnung, dass diese Äußerung viel Skepsis und Ablehnung hervorrief, insbesondere, da es sich bei ihrem Urheber um einen Jesuiten handelt, also ein Mitglied einer Gemeinschaft, die seit jeher höchsten Wert auf wissenschaftliche Kultur und intellektuelle Redlichkeit legt. Gelten in der Theologie die Gesetze der Logik tatsächlich nicht? Ist Gott etwa inkonsequent?

Jesus sah sich durchaus dem Vorwurf der Inkonsequenz ausgesetzt. Erhoben wurde dieser, wie könnte es auch anders sein, von den Schriftgelehrten und Pharisäern. Betrachten wir folgenden Fall:

Nach diesen Worten ging er (Jesus) weiter und kam in ihre Synagoge. Dort war ein Mann mit einer verkrüppelten Hand.

Die Pharisäer fragten ihn: „Erlaubt das Gesetz Gottes, am Sabbat zu heilen?" Sie suchten damit einen Vorwand, um Anklage gegen ihn zu erheben. Jesus antwortete: „Wenn jemand von euch nur ein einziges Schaf besitzt, und das fällt am Sabbat in den Brunnen, wird er es nicht sofort herausholen? Und ein Mensch ist doch viel mehr wert als ein Schaf! Also ist es erlaubt, am Sabbat Gutes zu tun." Dann forderte er den Mann auf: „Streck deine Hand aus!" Er streckte sie aus, und die Hand war gesund. Da verließen die Pharisäer die Synagoge und berieten, wie sie Jesus töten könnten.

Wir haben es wieder einmal mit einer jener Situationen zu tun, in denen die Pharisäer Jesus durch eine Fangfrage bloßstellen wollen. In diesem Fall dürfte das aus ihrer Sicht sogar ausnahmsweise gelungen sein. Dadurch, dass Jesus das Gebot der Sabbatheiligung bricht, steht für sie zweifellos fest, dass er nicht der Messias sein kann, denn dieser hätte sich niemals über die Torah hinweggesetzt. Ironischerweise gab es auch in den Anfängen des Christentums eine theologische Strömung, die sich die Sichtweise der Pharisäer zu eigen machte. Der Kirchengründer Marcion, der in der Mitte des 2. Jahrhunderts in Rom wirkte, legte besonderen Wert auf die Tatsache, dass Jesus den Sabbat gebrochen hatte, und schloss daraus ebenfalls, dass er nicht der von den Propheten angekündigte Messias sein konnte. Allerdings verfolgte Marcion mit dieser Argumentation eine völlige andere Taktik. Dieser im wahrsten Sinne des Wortes unorthodoxe Theologe hatte die Idee entwickelt, dass es sich bei den beiden Textsammlungen, die wir als Altes und Neues Testament kennen, um die Offenbarungen zweier verschiedener Götter handele. In Jesus sah Marcion den Vertreter des guten Gottes, des Gottes des Neuen Testaments, der sich auf einer Art Feldzug gegen seinen Widerpart, den bösen Gott des Alten Testaments befindet. Den ‚Beweis' für diese aus heutiger Sicht äußerst befremdlich anmutende These findet Marcion nicht zuletzt in Szenen wie der oben angeführten. Ähnlich den Pharisäern lässt Jesu Missachtung der alttestamentlichen Gebote auch für Marcion nur einen Schluss zu: Dieser Mann kann nicht der Gesandte des Schöpfers und Gesetzgebers sein.

Natürlich haben beide Seiten den entscheidenden Punkt verkannt. Jesus bricht das Sabbatgebot weder aus Nachlässigkeit noch aus Trotz. Er bricht es, weil er in dieser konkreten Situation zwischen zwei verschiedenen

Ansprüchen abwägen muss. So überaus einleuchtend uns die Entscheidung Jesu auch vorkommen mag, so wenig darf man diese Szene verharmlosen. Jesus bricht das Gesetz Gottes, daran besteht kein Zweifel. Das ist durchaus ein Skandal und wird auch von den Pharisäern nicht zu Unrecht als solcher empfunden. Gott handelt gegen sein eigenes Gesetz – aus Liebe zum Menschen! Das ist das Entscheidende, das ist es, was Spadaro vermutlich mit seinen Worten andeuten wollte. Das Wohl des Menschen steht über der starren Logik des Gesetzes, die Liebe überwindet alles.

Das zeigt sich bereits im Alten Testament. Da wäre zum Beispiel der Prophet Jona. Die meisten haben bei diesem Stichwort das Bild eines Mannes im Magen eines Wals vor Augen, aber die wenigsten wissen, worum es in dieser Geschichte eigentlich geht. „Das Wort des Herrn geschah zu Jona", mit diesem Vers beginnt das biblische Buch. Keine Vorgeschichte, kein Suchen, kein Beten, kein langes Nachdenken über den Sinn des Daseins – das Wort Gottes *geschieht* einfach! Nach Ninive soll er gehen und der Stadt das Strafgericht des Herrn verkünden. Doch wie die meisten Berufenen ist Jona wenig begeistert von seinem Auftrag. Er flieht. Mit einem Schiff will er Richtung Tarsis. Doch während der Überfahrt lässt Gott einen starken Sturm aufkommen, die Mitreisenden machen Jona als Ursache für den Zorn Gottes aus und werfen ihn kurzerhand über Bord. Nun folgt die berühmte Szene im Magen des großen Fisches. Hier gelobt Jona Besserung, und so lässt Gott den Fisch Jona ausspeien, auf dass er nun doch nach Ninive gehen könne. Dort angekommen, predigt Jona den Einwohnern ihren bevorstehenden Untergang. Die Bewohner der Stadt bereuen ihr böses Tun und gehen in Sack und Asche (wörtlich!). Daraufhin bedauert Gott, dass er der Stadt Böses antun wollte, und lässt davon ab. Und was macht Jona? Freut er sich, dass alles doch nicht so schlimm gekommen ist wie erwartet? Nein! Er ist sauer auf Gott, weil dieser sich nicht an seinen eigenen Plan hält!

Wie passt diese Geschichte nun mit dem Bild eines allwissenden und konsequenten Gottes zusammen? Antwort: Gar nicht! Nein, bitte nicht, keine Erklärungsversuche, es passt einfach nicht! Dieser Gott ist nicht an die Regeln menschlicher Logik gebunden. So spricht es auch Paulus in einer seiner umstrittenen Passagen im Römerbrief aus, in der er Gottes eigenwillige Gnadenwahl beschreibt: „Was wollen wir hierzu sagen? Ist denn Gott ungerecht? Das sei ferne!

Denn er spricht zu Mose: ‚Wem ich gnädig bin, dem bin ich gnädig; und wessen ich mich erbarme, dessen erbarme ich mich.' So liegt es nun nicht an jemandes Wollen oder Laufen, sondern an Gottes Erbarmen […] Nun sagst du zu mir: Was beschuldigt er uns dann noch? Wer kann seinem Willen widerstehen? Ja, lieber Mensch, wer bist du denn, dass du mit Gott rechten willst?"

Wem ich gnädig bin, dem bin ich gnädig – besonders fair klingt das tatsächlich nicht. Es klingt vielmehr nach reiner Willkür. Ja, Gott handelt willkürlich. Das deutsche Wort Willkür hat einen negativen Beigeschmack, aber es bedeutet zunächst einmal nur, dass eine bestimmte Handlung vom Willen *gekürt* ist, also allein aus dem Willen entspringt, ohne Rücksicht auf äußere Regeln und Gesetze. Genauso handelt Gott! Der antike Theologe Tertullian brachte es auf die Formel: *Deo nihil impossibile est nisi quod non vult* (Nichts ist Gott unmöglich, außer dem, was er nicht will). Gott ist durch nichts gebunden, außer durch seinen Willen. Deshalb ist die Aussage des Paulus vollständig korrekt: Wem Gott gnädig sein will, dem ist er gnädig, ein weiteres Kriterium gibt es nicht. Und Paulus liegt ebenso richtig, wenn er dem Menschen das Recht abspricht, sich über Gott zu empören.

Der Mensch hat Gott keine Vorhaltungen zu machen, ganz einfach deshalb, weil er Mensch und Gott Gott ist.

Aber widerspricht diese Haltung nicht den übrigen Passagen der Schrift, in denen von Gottes Liebe zu allen Menschen die Rede ist? Nein, im Gegenteil! Gott ist gerade deshalb nicht an Regeln gebunden, weil dieser Gott Liebe ist. Diese Liebe kennt keine Grenzen, keine Gesetze, keine Logik. In der oben genannten Geschichte weicht Gott aus Liebe von seinem einmal gefassten Plan ab. Wäre er konsequent, hätte er die Einwohner Ninives bestrafen müssen. Aber noch mehr: Wäre Gott konsequent, müsste er uns alle bestrafen! Kein einziger Mensch verdient das Wohlwollen Gottes, wie Paulus, ebenfalls im Römerbrief, immer wieder herausstellt. Deshalb können wir Christen voller Freude bekennen: Gott ist nicht konsequent – und das ist auch gut so!

Der christliche Glaube ist voll von Paradoxien, man könnte sogar sagen, das eigentliche Zentrum des christlichen Glaubens ist ein Paradoxon. Jesus Christus ist wahrer Gott und wahrer Mensch, und dieser Gottmensch ist am Kreuz einen jammervollen Tod gestorben. Wenn das nicht widersprüchlich ist, was dann? Wir alle sind derart an solche Redeweisen gewöhnt, dass wir uns nicht mehr klarmachen, was für einen unglaublichen Irrsinn diese Aussage im Grunde darstellt. Nicht umsonst sagt schon Paulus, dass die gebildeten Heiden seiner Zeit, die er pauschal ‚Griechen‘ nennt, all das als Torheit empfinden und deshalb nicht für sich akzeptieren können. Nicht umsonst lehnt auch der Islam die Vorstellung einer Menschwerdung Gottes vehement ab, weil dies die Würde Gottes verletze.

Unglücklicherweise hat die Kirche viel zu viel Zeit und Energie in die philosophische Aufarbeitung dieses Problems gesteckt. Über Jahrhunderte hat man versucht zu ergründen, wie genau die göttliche und menschliche Natur in Jesus zusammenkommen können. Es wurden hitzige Debatten geführt, Debatten, die mit Amtsenthebung und Verbannung einhergingen, Debatten etwa über die Frage, ob die beiden Naturen geteilt oder ungeteilt, vermischt oder unvermischt usw. existieren. Auf dem Konzil von Chalcedon (451) einigte man sich schließlich auf folgende Formel: „Ein und derselbe ist Christus, der einziggeborene Sohn und Herr, der in zwei Naturen unvermischt, unveränderlich, ungetrennt und unteilbar erkannt wird, wobei nirgends wegen der Einung der Unterschied der Naturen aufgehoben ist, vielmehr die Eigentümlichkeit jeder der beiden Naturen gewahrt bleibt und sich in einer Person und einer Hypostase vereinigt." Wirklich schlauer geworden ist man damit nicht, oder?

Auch über die Frage der Dreieinigkeit Gottes als Vater, Sohn und Heiliger Geist haben sich gelehrte Theologen ihre Köpfe zerbrochen. Man fragte sich, wie das Verhältnis dieser drei Gestalten zueinander genau zu definieren sei, man stritt sich um Begriffe wie ‚wesensgleich' und ‚wesensähnlich', man diskutierte darüber, ob der Sohn geboren oder geschaffen war, man wollte ergründen, ob der Heilige Geist aus dem Vater allein oder aus dem Vater und dem Sohn hervorgeht. Doch die Dreieinigkeit Gottes kann nicht intellektuell verstanden, sondern nur im Glauben erlebt werden: in der schöpfenden Hand des Vaters, dem Leben und Sterben Christi und in der Gegenwart des Heiligen Geistes. Hier greift nun wieder der weise Satz des heiligen Augustinus: „Wenn du es begreifst, ist es nicht Gott." Etwa 1500 Jahre später formulierte es der Philosoph Ludwig Wittgenstein wie folgt: „Wenn das Christentum die Wahrheit ist, dann ist alle Philosophie darüber falsch." Christus selbst ist die Wahrheit. Deshalb kann die Wahrheit nur in der Begegnung mit ihm gefunden werden, nicht im philosophischen Nachsinnen. Jesus selbst weist seine Zuhörer immer wieder darauf hin:

„Wenn ihr eine Wolke aufsteigen seht im Westen, so sagt ihr gleich: Es gibt Regen. Und es geschieht so. Und wenn der Südwind weht, so sagt ihr: Es wird heiß werden. Und es geschieht so. Ihr Heuchler! Das Aussehen der Erde und des Himmels könnt ihr prüfen; warum aber könnt ihr diese Zeit nicht prüfen?" Manchmal sehen Menschen den Wald vor lauter Bäumen nicht. Die Menschen können die Zeichen des Himmels und der Erde richtig deuten. Heute würde man sagen, sie können wissenschaftlich denken. Aber für die Wahrheit, die direkt vor ihrer Nase steht in Gestalt des Sohnes des lebendigen Gottes, für die sind sie blind.

Auch das Leben eines Christen ist von Widersprüchen geprägt. Ein Christ ist, wie Luther so treffend formulierte, *simul iustus et peccator* (Gerechter und Sünder zugleich). Auch dieser Satz ist für jene, die in der evangelisch-lutherischen Tradition aufgewachsen sind, alles andere als spektakulär, und doch ist auch er im Grunde völlig widersinnig. Wie könnte jemand gesund und zugleich krank sein? Oder arbeitslos und zugleich angestellt? Oder verheiratet und zugleich ledig? Das wäre so, als ob 2 + 2 = 5 wäre, oder? Ja, das wäre es. Und so ist es auch! Der Mensch ist seiner Natur nach ein zwanghafter Sünder, aber er ist zugleich gerecht gesprochen durch das Opfer Jesu Christi. Alle diese Dinge kann man nicht wirklich verstehen, sie übersteigen den menschlichen Verstand einfach. Aber so ist Gott.

Nach alledem stellt sich natürlich die Frage, ob es überhaupt so etwas wie christliche Theologie geben kann. Die Antwort lautet: Ja, aber ... Der Mensch hat das unstillbare Bedürfnis zu verstehen, und auch wenn diesem Bedürfnis in Bezug auf Gott gewisse Grenzen gesetzt sind, so kann er sehr wohl sinnvolle Kenntnisse über sich selbst und sein Verhältnis zu Gott gewinnen. Wichtig hierbei ist allerdings, dass er die richtige Reihenfolge beim Erkenntnisgewinn einhält. *Credo ut intelligam* (Ich glaube, um zu verstehen) lautet eine alte Formel der Theologie. Ich komme also nicht über das Verstehen zum Glauben, sondern gelange über den Glauben zum Verstehen. So beschrieb es auch der evangelische Theologe Martin Kähler in seiner „Wissenschaft der christlichen Lehre" aus dem Jahre 1883:

„Aber es [das theologische Forschen] ist auch nur für denjenigen eröffnet, welcher persönlich lebendig in dem Christentume steht, oder für den gläubigen Christen. Folglich haben die Christen an dem Christentum einen Gegenstand des erkennenden Denkens, welchen ein Nicht-Christ weder anzuerkennen noch vollkommen zu erkennen vermag. Auch kann von dem Gewinn allgemeingültiger Erschaffung (d. h. von wissenschaftlicher Erkenntnis) des Christentumes nur innerhalb des Kreises seiner Bekenner die Rede sein. Mithin ergibt sich endlich, daß die Kirche, gefaßt als die Gemeinschaft der Glaubenden, zu allererst die Voraussetzung für die gemeinsame Erkenntnisarbeit der Theologie ist, und diese erst in der Folge an der Kirche auch ihren Zweck finden kann."

In diesen kurzen Zeilen finden sich die beiden entscheidenden Fundamente christlicher Theologie. Erstens: Der Glaube bildet die Voraussetzung für theologische Beschäftigung. Die Theologie erwächst aus dem Glauben, nicht umgekehrt. Der zweite entscheidende Punkt bei Kähler: Die Theologie steht im Dienste der Kirche. Das bedeutet, dass die Theologie ein klar definiertes Ziel hat. Sie soll den Glauben der Gemeinde fördern, nicht herausfordern. Anstatt Probleme zu schaffen, sollte die Theologie sie lieber entschärfen, denn die Probleme kommen von ganz alleine. Zu allen Zeiten haben die Menschen Schwierigkeiten mit den Inhalten des christlichen Glaubens gehabt, auch wenn diese in der Moderne eine neue Qualität erreicht haben. Von dem Theologen Rudolf Bultmann (1884–1976) stammt der berühmte Satz: „Man kann nicht elektrisches Licht und Radioapparat benutzen, in Krankheitsfällen moderne medizinische und klinische Mittel in Anspruch nehmen und gleichzeitig an die Geister- und Wunderwelt des Neuen Testaments glauben." Bultmann wird unter Christen immer wieder gerne als der große Übeltäter des 20. Jahrhunderts angesehen, der mit seinem Entmythologisierungsprogramm der Kirche unermesslichen Schaden zugefügt habe. Doch mit diesem Vorwurf macht man den Bock zum Gärtner. Bultmann hat die Glaubenskrise der Moderne nicht herbeigeführt, im Gegenteil, er hat versucht, eine Lösung für diese Krise anzubieten. Nun kann man diesen konkreten Lösungsversuch mit Recht kritisieren und nach einem besseren suchen. Aber für das Grundproblem darf man Bultmann nicht verantwortlich machen.

Es ist unbestreitbar, dass der moderne Mensch ein anderes Weltbild hat als der antike. Wir sehen die Welt nicht mehr mit den Augen der Zeitgenossen Jesu. Zwar sprechen auch wir noch davon, dass Jesus in die Hölle „hinabgestiegen" und in den Himmel „aufgefahren" sei, aber natürlich sprechen wir dabei in Bildern. Wir wissen, dass der Himmel nicht wirklich über uns ist, ebenso wenig wie sich die Hölle unter uns befindet. Auch erkennen wir die Ursache für Krankheiten eher in Viren und Bakterien als in bösen Geistern. Die wissenschaftliche Erkenntnis schreitet unaufhörlich voran, und viel zu oft haben Christen versucht, Gott in den letzten verbliebenen Lücken menschlichen Wissens zu finden. Aber Gott ist kein Lückenbüßer. Schon Dietrich Bonhoeffer bemerkte hierzu treffend: „In dem, was wir erkennen, sollen wir Gott finden, nicht aber in dem, was wir nicht erkennen; nicht in den ungelösten, sondern in den gelösten Fragen will Gott von uns begriffen sein. Das gilt für das Verhältnis von Gott und wissenschaftlicher Erkenntnis. Aber es gilt auch für die allgemein menschlichen Fragen von Tod, Leiden und Schuld."

Die Wissenschaft macht Fortschritte, die Wahrheit aber bleibt dieselbe. Diese ewige Wahrheit in einem ständig wechselnden Umfeld immer wieder herauszustellen, das ist die eigentliche Aufgabe der Theologie. Sie agiert als Übersetzerin, aber zugleich als eine Art „Bombenentschärfungskommando", das jene Bomben entschärfen soll, die den Glauben der Christen in Unruhe versetzen. Diese Bomben einfach zu ignorieren, sie einfach in einen Schrank zu sperren, wo sie keiner sehen kann, wird auf Dauer nicht gut gehen. Bonhoeffer hat aber ganz bewusst nicht nur das Verhältnis von Theologie und Wissenschaft angesprochen, sondern auch die allgemeinen Fragen des Lebens. Auf diese Fragen suchen die Menschen Antworten. Aber sie suchen keine Informationen, sie suchen Rat. Das ist ein entscheidender Unterschied, der leider in der rein akademischen Ausbildung vieler Pastoren völlig zu kurz kommt. Ein Vater, der seinen Sohn bei einem tragischen Unfall verloren hat, sucht bei einem Geistlichen Trost. Es hilft ihm wenig, wenn dieser ihm erwidert: „Wissen Sie, Karl Barth war der Meinung, dass der Tod …" Einer ungewollt schwangeren Frau, die in ihrer Verzweiflung eine Abtreibung in Betracht zieht, ist wenig geholfen mit der Auflistung unterschiedlicher medizinischer Möglichkeiten oder der Erläuterung rechtlicher Rahmenbedingungen. Ebenso wenig aber nützt ihr ein mit erhobenem Zeigefinger ausgerufenes „Abtreibung ist Mord!". So, wie sich die Menschen Jesus gegenüber als Kinder fühlen dürfen, sollten sie es auch gegenüber der Kirche können. Die Kirche nimmt sich der Gläubigen an wie eine Mutter. Sie sorgt sich um sie, nimmt ihre Probleme und Ängste ernst und versucht, sie auf den rechten Weg zu führen. Dabei hat sie genug Lebenserfahrung, um zu wissen, dass ethische Konflikte oft komplex sind. In den seltensten Fällen geht es einfach um richtig gegen falsch, vielmehr geht es um richtig gegen richtig.

Kommen wir hierzu noch einmal auf das oben angeführte Beispiel der Heilung am Sabbat zurück. Jesus hätte das Sabbatgebot einhalten können und damit dem Gesetz Folge geleistet. Er entschied sich anders, weil für ihn das Gebot der Liebe das höchste Gebot ist, dem sich alle anderen unterzuordnen haben. Für die Pharisäer hingegen wird am Sabbat nicht gearbeitet und somit auch nicht geholfen, damit erübrigt sich jede weitere Debatte. Diese Unfähigkeit zur Abwägung, dieses einseitige Beharren auf starren Regeln ist auch heute noch ein eindeutiges Merkmal vieler Christen. Natürlich geht es ihnen nicht mehr um die Einhaltung des Sabbats oder um die Einhaltung der jüdischen Speisegebote. Die Themen haben sich geändert, die Geisteshaltung aber bleibt. Bist du für oder gegen Krieg? Bist du für oder gegen Atomkraft? Bist du für oder gegen Gentechnik? So lauten die beliebten Fragen der heutigen Gutmenschen, mit denen sie das Gewissen ihrer Gegenüber prüfen und diese anschließend in Gute und Böse einteilen. Was hätte Jesus wohl geantwortet, wenn man ihn gefragt hätte: „Bist du für oder gegen den Sabbat?" Er hätte vermutlich mit Verwunderung und Unverständnis reagiert. Natürlich hielt er die Beachtung des Sabbats für richtig und wichtig, aber es konnte Fälle geben, in denen der Bruch der Sabbatobservanz durch höhere Ziele gerechtfertigt war. Ebendiese Flexibilität des Denkens fehlte den Pharisäern völlig, ebenso wie sie leider vielen heutigen Christen abgeht. Das musste auch unser ehemaliger Verteidigungsminister Hans Apel (1932–2011) erfahren, der sich nach langen Jahren des Haderns schweren Herzens zu seinem Austritt aus der evangelischen Landeskirche genötigt sah und in eine Freikirche übertrat. In seiner bemerkenswerten Streitschrift „Volkskirche ohne Volk" schreibt er:

„Bin ich aus der Kirche ausgetreten, weil ich zur Selbstgerechtigkeit neige? Das kann ich nicht ausschließen. Wenn mir mein damaliger Gemeindepastor vor etwa 30 Jahren vorwirft, ich ließe es als Abgeordneter zu, dass Milliarden über den Bundeshaushalt für die Kriegsvorbereitung bereitgestellt werden und nur wenig für die Dritte Welt, dann halte ich ihn für uninformiert, schlicht für dumm. Wenn man mir auf dem Kirchentag 1982 mein Christsein abspricht und diese Überzeugung mit fliegenden Blutbeuteln und Eiern unterstreicht, bin ich mit diesen Menschen durch und kann den Vorgaben der Bergpredigt nicht folgen. Ich zweifle auch, ob Jesus das von mir erwartet. Solchen Menschen und ihren Handlungen will ich widerstehen."

Apel hat hier in doppelter Hinsicht vorbildlich reagiert. Nicht nur, dass er zu Recht das stumpfsinnige Verhalten seiner Gegner anprangert. Er beweist auch seine eigene Fähigkeit zur Abwägung im Sinne Jesu. So, wie dieser es für nötig hielt, zum Wohle seines Nächsten das Sabbatgebot zu brechen, sieht sich auch Apel gezwungen, die Prinzipien der Bergpredigt in diesem konkreten Fall zu missachten. Er kann und will es nicht einfach passiv ertragen, dass solche Elemente die Führerschaft in der Kirche Christi übernehmen, ganz so, wie Jesus es nicht hinnehmen konnte, dass jemand das Haus seines Vaters in eine Räuberhöhle verwandelte, und deshalb die Händler und Geldwechsler aus dem Tempel hinausjagte.

Natürlich birgt diese Form der Abwägung auch Gefahren. Wenn jeder für sich selbst entscheiden kann, was richtig und falsch ist, gibt es dann überhaupt noch so etwas wie christliche Ethik? Ja, gewiss! Ein Christ orientiert sein Handeln am Willen Gottes. Diesen wiederum findet er im Wort Gottes. Aber wir kommen nicht darum herum, dass es nicht für alle Situationen in unserem Leben eine eindeutige biblische Anweisung gibt. Ein Theologe, der sich dieser Problematik in besonderer Weise bewusst war und sie annahm, war der bereits erwähnte John Wesley. In einer seiner zahlreichen Predigten heißt es:

„Nehmen wir zum Beispiel an, einem vernünftigen Mann stehe bevor, zu heiraten oder in eine neue Beschäftigung einzutreten. Um zu wissen, ob dies der Wille Gottes ist, und mit der Gewissheit, ‚es ist der Wille Gottes für mich, so heilig zu sein und so viel Gutes zu tun, wie ich kann‘, braucht er nur zu fragen: ‚In welchem Stand kann ich möglichst heilig sein und am meisten Gutes tun?‘ Das muss zum Teil durch Vernunft, zum Teil durch Erfahrung entschieden werden. Die Erfahrung sagt ihm, welche guten Gelegenheiten er in seinem gegenwärtigen Stand hat, gut zu sein und gut zu handeln; und die Vernunft muss ihm zeigen, welche er gewiss oder wahrscheinlich in dem Stand hat, in den er eintreten will. Wenn er das miteinander vergleicht, muss er entscheiden, welcher der beiden am ehesten dazu beiträgt, gut zu sein und Gutes zu tun. Und soweit er das weiß, soweit ist er gewiss, was der Wille Gottes ist."

Es ist entscheidend, dass dieses Vorgehen natürlich nur für die Fälle gilt, in denen sich *keine* eindeutige Weisung im Wort Gottes finden lässt. Wenn dem Mann in Wesleys Beispiel angeboten würde, in eine verbrecherische Organisation einzutreten, so müsste dieser nicht erst seine Vernunft oder Erfahrung befragen, sondern könnte direkt ablehnen. Genauso wäre es, wenn sich einem bereits verheirateten Mann die Möglichkeit einer außerehelichen Affäre bieten würde. Auch in diesem Fall wäre eine entsprechende Überprüfung überflüssig. Das Wort Gottes ist in vielen Fällen völlig eindeutig, aber eben nicht auf alle Lebenssituationen unmittelbar anwendbar. In denjenigen Fällen jedoch, in denen es unmittelbar und eindeutig anwendbar ist, solle keiner wagen, mit Sätzen zu kommen wie: „Ich lese die Schrift aber anders." Man kann nur lesen, was geschrieben steht, so einfach ist das. Komischerweise sind sich außerhalb der Bibel auch alle irgendwie über diese Tatsache einig. Wenn auf einem Schild steht „Parken verboten", wird kein Gericht dieses Landes die Zahlungsverweigerung eines

Falschparkers mit der Begründung akzeptieren, er habe das Schild aber „anders gelesen".

Die eigenen Wünsche zum Maßstab aller Dinge zu erklären, ist die klassische Definition von Sünde. Es war genau diese Haltung, welche die Menschheit zu Fall brachte und auf ewig von Gott trennte. Jesus hat diesen Graben überwunden, indem er in vorbildlicher Weise vorführte, wie man sich in den Willen Gottes ergeben muss. Als Jesus im Garten Gethsemane sein eigenes Ende nahen sieht, fleht er seinen Vater an, diesen Kelch an ihm vorübergehen zu lassen, beendet sein Gebet aber mit den Worten: „Doch nicht mein, sondern dein Wille geschehe." Erst wenn ich bereit bin, meinen eigenen Willen dem Willen Gottes anzugleichen, wenn ich bereit bin, mein eigenes Wissen der Wahrheit Gottes unterzuordnen, erst dann darf ich mich wirklich einen Christen nennen.

Ausblick

Ein Gespenst geht um in der westlichen Welt: das Gespenst des Antiintellektualismus. So zumindest empfinden es die Experten, also jene Leute, die andere daran hindern, ihren gesunden Menschenverstand zu gebrauchen – wie es der Schauspieler Hannes Messemer einmal gelungen formulierte. Tatsächlich sind viele Experten in erster Linie einfach darüber verärgert, dass die Menschen sich partout nicht so verhalten wollen, wie man es für sie vorgesehen hat. Darin genau zeigt sich aber die gesamte Problematik des Begriffs ‚Antiintellektualismus'. Zutreffend ist, dass unsere derzeitige Gesellschaft stark von einem Gefühl der Entfremdung beherrscht wird. Die gesellschaftliche Verständigung zwischen dem ‚Volk' und der ‚Elite' scheint zunehmend schwieriger zu werden. Der Vorwurf des Antiintellektualismus jedoch verlagert die Verantwortung für dieses Problem einseitig von oben nach unten. Das ‚Volk' sei eben desinteressiert und verfüge nicht über ein ausreichendes Maß an Bildung. Aber wie wäre es, wenn man den Spieß einmal umdreht? Was, wenn die Menschen gar keine Ablehnung gegen Bildung und Intellekt hätten, sondern gegen das Gebaren der Intellektuellen?

Wie wir im Verlaufe dieses Buches gesehen haben, ist dieses Phänomen keineswegs neu. Letzten Endes fällt bereits der Konflikt zwischen Jesus und den Schriftgelehrten in diese Kategorie. Sicherlich fanden sich in der Gruppe der Schriftgelehrten nicht nur Scheinheilige und Heuchler, wie es die Berichte der Evangelisten mitunter suggerieren. Auch hier gab es zweifellos ernsthaftes Streben nach theologischer Erkenntnis, aber es war eine elitäre Erkenntnis, sie war nicht geschickt zum Reiche Gottes, es war eine Erkenntnis, die aufbläht statt aufzubauen, wie es der Apostel Paulus so treffend ausdrückt. Jesus war seinen Gegenübern mehr als gewachsen, aber ihm ging es nicht darum, seine eigene Überlegenheit zur Schau zu stellen. Das ist der entscheidende Unterschied: Die Schriftgelehrten wollten über die Menschen herrschen. Jesus kam, um zu dienen. Deshalb hat er für diese Leute nichts als Verachtung übrig: „Weh euch, Schriftgelehrte und Pharisäer, ihr Heuchler, die ihr das Himmelreich zuschließt vor den Menschen! Ihr blinden Führer, die ihr Mücken aussiebt, aber Kamele verschluckt!"

Jesus war kein Theologe – das ist der Titel dieses Buches. Zum einen ist dies eine Binsenweisheit. Der Gottessohn, der wesenseins mit dem Vater ist, braucht keine Wissenschaft über Gott zu betreiben. Zum andern ist der Buchtitel aber auch eine Aufforderung an uns als Nachfolger Jesu. Egal wie lange und ausführlich man in der Schrift sucht, nirgends wird man die Aufforderung Jesu an uns finden: „Denkt lange und ausführlich über theologische Ideen nach!" Jesus fordert uns auf, an ihn zu glauben und seine Gebote zu befolgen. Seine Anweisungen sind stets konkret und auf die Praxis gerichtet. Besonders deutlich wird dies in seiner Rede vom Endgericht:

Da wird dann der König sagen zu denen zu seiner Rechten: Kommt her, ihr Gesegneten meines Vaters, ererbt das Reich, das euch bereitet ist von Anbeginn der Welt! Denn ich bin hungrig gewesen und ihr habt mir zu essen gegeben. Ich bin durstig gewesen und ihr habt mir zu trinken gegeben. Ich bin ein Fremder gewesen und ihr habt mich aufgenommen. Ich bin nackt gewesen und ihr habt mich gekleidet. Ich bin krank gewesen und ihr habt mich besucht. Ich bin im Gefängnis gewesen und ihr seid zu mir gekommen. Dann werden ihm die Gerechten antworten und sagen: Herr, wann haben wir dich hungrig gesehen und haben dir zu essen gegeben? Oder durstig und haben dir zu trinken gegeben? Wann haben wir dich als Fremden gesehen und haben dich aufgenommen? Oder nackt und haben dich gekleidet? Wann haben wir dich krank oder im Gefängnis gesehen und sind zu dir gekommen? Und der König wird antworten und zu ihnen sagen: Wahrlich, ich sage euch: Was ihr getan habt einem von diesen meinen geringsten Brüdern, das habt ihr mir getan.

Hungrige speisen, Durstige tränken, Fremde aufnehmen, Nackte bekleiden, Kranke besuchen, Gefangene besuchen – das sind die Werke christlicher Barmherzigkeit, zu denen Jesus uns aufruft. Wer ernsthaft meint, eine rein akademische Beschäftigung mit theologischen Problemen könnte diese Werke ersetzen, hat wenig von der Botschaft Jesu verstanden. Selbst der bereits erwähnte Karl Barth, der eine 13-bändige Dogmatik von über 9000 Seiten verfasste, wurde gegen Ende seines Lebens nachdenklich: „Könnte Theologie nicht eine Luxusbeschäftigung, könnten wir mit ihr nicht auf der Flucht vor dem lebendigen Gott begriffen sein? Könnte ein Theologe wie Albert Schweitzer nicht das bessere Teil erwählt haben, und mit ihm die ersten Besten, die da und dort ohne alle theologische Besinnung versucht haben, Wunden zu heilen, Hungrige zu speisen, Durstige zu tränken, elternlosen Kindern eine Heimat zu bereiten?"

Schon in der Bibel selbst wird der Konflikt zwischen Theorie und Praxis angesprochen, vor allem im Brief des Jakobus.

Dort heißt es: „Stellt euch vor, in eurer Gemeinde sind einige in Not. Sie haben weder etwas anzuziehen noch genug zu essen. Wenn nun einer von euch zu ihnen sagt: ‚Ich wünsche euch alles Gute! Hoffentlich bekommt ihr warme Kleider und könnt euch satt essen!', was nützt ihnen das, wenn ihr ihnen nicht gebt, was sie zum Leben brauchen? Genauso nutzlos ist ein Glaube, der nicht in die Tat umgesetzt wird: Er ist tot. Nun könnte jemand sagen: ‚Der eine glaubt, und der andere tut Gutes.' Ihm müsste ich antworten: ‚Zeig doch einmal deinen Glauben her, der keine guten Taten hervorbringt! Meinen Glauben kann ich dir zeigen. Du brauchst dir nur anzusehen, was ich tue.' Du glaubst, dass es nur einen einzigen Gott gibt? Schön und gut. Aber das glauben sogar die Dämonen – und zittern vor Angst." Bei vielen evangelischen Christen, insbesondere bei Lutheranern, gehen an dieser Stelle sämtliche Alarmglocken an. Widerspricht diese Stelle nicht fundamental dem reformatorischen *sola fide*, der Rechtfertigung allein aus Glauben? Nein, das tut sie nicht! Denn auch Paulus fordert einen lebendigen Glauben, dem eine Heiligung des Lebens entspringt. Der Glaube muss sichtbar wirken, sonst ist er tot, darin sind sich Paulus und Jakobus völlig einig. Im Übrigen ist dies auch ganz eindeutig die Haltung Jesu, wenn er in seiner Bergpredigt vor den

Scheinheiligen und Heuchlern warnt und rät: „An ihren Früchten sollt ihr sie erkennen."

Wir brauchen den Schritt vom Hören zum Handeln, vom Wort zur Tat, von der Theologie zur Theopraxie. Soeben stelle ich fest, dass mein Schreibprogramm das Wort ‚Theopraxie' nicht kennt und daher rot unterschlängelt. Nur allzu gerne gebe ich dem Programm die Anweisung, diesen Begriff ins Wörterbuch aufzunehmen. Am liebsten wäre es mir, wenn er in sämtliche Wörterbücher, aber vor allem auch in die Köpfe der Menschen aufgenommen würde. Keineswegs möchte ich den Begriff aber einfach nur als Gegenbegriff zur Theologie verstanden wissen. Vielmehr soll mit ihm eine ganz neue Form der theologischen Beschäftigung eingeführt werden. Die gedankliche Beschäftigung mit dem Glauben ist keineswegs überflüssig. Es gibt richtigen und falschen Glauben, es gibt gesunde Lehre und Irrlehre. Das eine vom anderen zu unterscheiden ist heilige Pflicht eines jeden Christen. Aber es gibt auch theologische Reflexionen, die keinerlei Auswirkungen auf die Glaubenspraxis haben. Sich mit solchen Fragen aufzuhalten ist für Christen eine diabolische Zeitverschwendung. Daher lautet das erste Axiom der Theopraxie:

Um die Bedeutung einer theologischen Aussage zu bestimmen, muss man untersuchen, welche praktischen Konsequenzen sich aus der Wahrheit dieser Aussage ergeben können. In diesen möglichen Konsequenzen liegt ihre ganze Bedeutung. Eine theologische Aussage, deren Wahrheit keinerlei Konsequenzen nach sich zieht, ist bedeutungslos.

Würde diese Methode in unseren Fakultäten Einzug halten, käme das einem Umsturz gleich. Wie mit einem scharfen Rasiermesser würde alle überflüssige Theorie aus den Hörsälen, Seminarräumen und Bibliotheken herausgeschnitten. Aber manchmal braucht es diese Form der schöpferischen Zerstörung. Zu Beginn dieses Buches habe ich davon gesprochen, dass ein System einen Punkt erreichen kann, ab dem es sich nicht mehr selbst von innen heraus reformieren kann. Dieser Punkt ist meines Erachtens für unsere theologischen Fakultäten gekommen. Es ist Zeit für eine Revolution.

Nachwort

Als Sebastian Moll mir sein Buch zum Lesen gegeben hatte, musste ich andauernd schmunzeln. Ich ertappte mich bei lauten: „Ja, genau!"-Ausrufen. Er traf einen Nagel nach dem anderen auf den Kopf.

Auch ich hatte mal an der Universität Theologie studiert und war schon nach einem Jahr erschüttert: Über die Hälfte der Professoren konnten mir nicht genau sagen, an was sie glauben und an was nicht. „Das ist nicht so einfach", erklärte man mir, und ich fiel fast vom Glauben ab. Nach zwei Jahren hatte ich nur noch eine Frage im Kopf: Wie schaffen es die Studenten aus diesem Studium herauszukommen, ohne den Glauben zu verlieren? Nach drei Jahren löste eine weitere Frage die vorige ab: Wie könnte eine optimale Ausbildung für den pastoralen Dienst aussehen? Denn ich lebte nach der englischen Weisheit: *Love it, leave it or change it!* Ich liebte diese verkopfte, liberale Theologie nicht, den vollzeitlichen Dienst verlassen kam nicht in Frage, deshalb: Change it!

Die folgenden 20 Jahre lebte ich mit dieser Frage, während ich drei neue Gemeinden gründete: Eine als „Lernende" in Frankfurt, eine mit meinem Bruder und meinem Mann zusammen in Mainz und dann eine weitere mit meiner Familie zusammen in Gau-Algesheim. Großstadt und Land. Unser Auftrag von Gott war es, Deutschland mit starken Gemeinden zu überfluten. Doch nach 20 Jahren pastoralem Dienst und drei Gemeindegründungen wusste ich: Entweder werde ich 2000 Jahre alt oder ich brauche eine neue Strategie von Gott, um diesen Auftrag wirklich umsetzen zu können. Und nun wurde aus meiner langjährigen Frage eine neue Strategie: Eine optimale Ausbildung für angehende Pastoren.

Das, was Sebastian Moll in diesem Buch theologisch aufgearbeitet hat, ist die Grundsubstanz, aus der die THS-Akademie für pastorale Führungskräfte erwachsen ist. Damals kannte ich ihn noch gar nicht. Aber der Heilige Geist schien schon einigen Menschen diese Frage nach der optimalen Pastorenausbildung ins Herz gelegt zu haben.

Back to the roots. Menschen so ausbilden, wie Jesus das getan hat: Theorie nur in Verbindung mit direkter praktischer Umsetzung. Kein leeres Geschwätz mehr.

Paulus beschreibt es so schön in 1. Timotheus 1, 4: „Auch nicht achthaben auf die Fabeln und Geschlechtsregister, die kein Ende haben und eher Fragen aufbringen, als dass sie dem Ratschluss Gottes im Glauben dienen. Das Ziel der Unterweisung aber ist Liebe aus reinem Herzen und aus gutem Gewissen und aus ungeheucheltem Glauben. Davon sind einige abgeirrt und haben sich hingewandt zu unnützem Geschwätz, wollen das Gesetz lehren und verstehen selber nicht, was sie sagen oder was sie so fest behaupten."

Als mir ein alter Klassenkamerad von dem dualen System erzählte, war ich begeistert: Das ist die Lösung! Denn Teilzeitstudiengänge gab und gibt es zur Genüge. Sie nennen sich zwar praxisorientiert, aber sie bieten doch nur einen theologischen Unterricht an und überlassen das Lernen in der Praxis mehr oder weniger doch dem ‚Zufall'.

Learning by doing. Okay, wir setzten uns also mit mehreren Pastoren vor 10 Jahren zusammen, und baldowerten ein ausgeklügeltes Ausbildungskonzept zur „pastoralen Führungskraft" aus: Das 3x3 Programm. 9 Disziplinen, die der Auszubildende über 3 Jahre hinweg erlernt. Am Ende eines Trimesters bekommt er in jeder Disziplin eine Bewertung mit Zielauswertungen und neuer Zielvereinbarung, dazu ganz praktische und konkrete Übungen. Dafür ist er von

Donnerstag bis Sonntag in einer Gemeinde als Azubi angestellt. Intensiver geht es kaum.

Multiplikation

9. Ich bringe Leiter hervor

8. Meine Teilnehmer führen Menschen zu Jesus

7. Ich führe regelmäßig Menschen zu Jesus

Fähigkeiten

6. Ich verfolge beständig mein Ziel

5. Ich überwinde Krisen und Konflikte leicht

4. Ich predige mit Vollmacht

Charakter

3. Ich bin glücklich

2. Meine Liebe zieht Menschen an

1. Ich liebe Gott von Herzen

Am Ende der Ausbildung steht dem Azubi eine zweitägige Prüfung mit Prüfungskomitee bevor, um bei erfolgreichem Bestehen das Abschlusszeugnis zur pastoralen Führungskraft zu bekommen. Diese Ausbildung ist sogar als Berufsfachschule anerkannt und BAföG-berechtigt. Neben dieser Ausbildung absolviert der THS-Student noch einen theologischen Bachelor. Von Montag bis Mittwoch besucht er dafür den theologischen Unterricht im Klassenverband. Am Ende der drei Jahre schreibt er seine Bachelorthesis. Also, eine ECHTE duale Ausbildung: Studium und Praxisausbildung, die nebeneinander herlaufen.

Bisher noch einzigartig in Deutschland. Eine kleine Revolution. Und deshalb ist Sebastian Moll auch zu uns gestoßen und seit Januar 2017 bei uns als Studienleiter tätig. Gemeinsam wollen wir das Reich Gottes verbreiten, wie Jesus es damals ins Rollen gebracht hat: Einfach, ehrlich und freudig.

Inga Haase, Leiterin der THS-Akademie